Oraciones para tiempos difíciles

Oraciones
para
tiempos
difíciles

cuando
no sabes
qué orar

Ellyn Sanna

BARBOUR
ESPAÑOL
Un Sello de Barbour Publishing

Contenido

Introducción

*Pongan todas sus preocupaciones y ansiedades en
las manos de Dios, porque él cuida de ustedes.*
1 Pedro 5.7 ntv

La oración no hace que los retos de la vida desparezcan milagrosamente. Tampoco es una fórmula mágica que se lleva nuestros problemas. Jesús mismo oró pidiendo ser liberado de la cruz y, sin embargo, a través de la oración también aceptó que esta era la voluntad de Dios para él. El apóstol Pablo oró por liberación del «aguijón en mi carne», pero cuando Dios no quitó este problema de su vida, Pablo le permitió a Dios usarlo para hacerlo más fuerte. La oración fue la manera en la que tanto Jesús como Pablo lucharon con sus reacciones emocionales ante las dificultades de la vida. Les permitió transformar el significado de sus circunstancias, para que así lo que había sido una crisis se convirtiera en una oportunidad para la obra creativa de Dios.

La oración puede hacer lo mismo por nosotros. A medida que nos expone al Espíritu de Dios, lo veremos obrando en y a través de nosotros. La oración nos traerá paz aún en medio de los tiempos más difíciles.

Usa estos iniciadores de oración como puntos de partida para tus propias oraciones. Muchas de ellas se basan en pasajes bíblicos. Una o dos son oraciones de santos antiguos de nuestra fe. ¡Todas pueden usarse como «motivos de conversación» entre tu corazón y el de Dios!

Abuso

Esto significa que todo el que pertenece a Cristo se ha convertido en una persona nueva. La vida antigua ha pasado, ¡una nueva vida ha comenzado!

2 Corintios 5.17 NTV

El tema del abuso es muy difícil de tratar abiertamente. Ya sea algo que ocurrió hace mucho tiempo atrás en nuestro pasado —o algo con lo que nuestros amigos o nosotros estamos lidiando hoy día— la vergüenza que acarrea el tema es difícil de encarar.

Sin embargo, Dios quiere llevarse ese sentido de vergüenza. Él quiere que entendamos que ante sus ojos, somos limpios y puros. El abuso dice mentiras. Dice que la persona abusada no merece amor ni dignidad ni respeto. Dios anhela hacer pedazos esas mentiras con el amor y la verdad del evangelio de Cristo.

En Cristo, somos nuevas personas. Él nos está esperando para ayudarnos a alejarnos del abuso, y comenzar una vida nueva.

Señor, sé que soy preciado ante tus ojos. Sé
que me ves hermoso y libre de toda mancha.
Ayúdame a mantener mi rostro en alto, en la
certeza de que soy tu hijo. Llévate mi vergüenza.
Sana mis recuerdos lastimados. Crea algo
nuevo dentro de mí. Confío en que puedes
hacer lo que parece imposible. Te ruego que me
conviertas otra vez en un ser pleno, completo.

Jesús, sé que viniste a sanar a los
quebrantados. Te ruego que sanes mi corazón
quebrantado. Viniste para traer libertad
a los cautivos. Libérame del abuso.
Viniste a sanar a los heridos. Te pido que
sanes las cicatrices del abuso en mi corazón,
mi mente y mis recuerdos, y en mi vida.
¡Por favor, rescátame!

Dios, no puedo enfrentar solo esta situación. Sé que tú siempre estás conmigo, pero te suplico que envíes a alguien para que me ayude, alguien que me apoye y me dirija, que me ayude a dar los pasos necesarios para lidiar con esta situación. No tengo la fortaleza necesaria para hacerlo solo.

Siento tantas cosas, Señor. Siento culpa... tristeza... temor... coraje. Todas estas emociones están mezcladas dentro de mí. A veces me pregunto si alguna vez podré superarlas. Sin embargo, también creo que aun en esto, tú me estás convirtiendo en la persona que deseas que yo sea. De alguna manera —incluso en medio de todo este dolor— tú estás trabajando con todo para que obre en mi favor.

Dios, a la verdad no me siento digno de amor. Es difícil para mí creer que realmente me amas. Le temo a la intimidad, aun contigo. Tengo miedo de derribar las murallas que he levantado alrededor de mi corazón. Ayúdame a confiar en ti.

Señor, sé que estás de mi lado. Quieres que sea un ser pleno, completo. Deseas que confíe en ti, para así recibir tus bendiciones. Anhelas darme la capacidad para caminar en tu gracia y que me arrope con tu amor. Tú eres el Creador del mundo. ¡No hay nada difícil para ti!

Con mis propias fuerzas sé que nunca podré levantarme de esto. Pero en ti, todo es posible. Ayúdame a sentirme seguro y pleno otra vez. Dame, una vez más, paz y gozo. Reclamo esto como mi patrimonio por ser tu hijo. Gracias.

Accidentes

Ahora bien, sabemos que Dios dispone todas las cosas para el bien de quienes lo aman, los que han sido llamados de acuerdo con su propósito.

ROMANOS 8.28 NVI

Cuando ocurre un accidente, de pronto nos sorprendemos por lo frágil que es nuestra existencia. Vamos por la vida, como si nada, todo normal, y sin ninguna advertencia, algo malo ocurre. Nuestro sentido de seguridad y protección se hace añicos. La vida se siente inestable, como si un peligro inesperado estuviera acechando desde cada esquina. Es difícil recuperar un sentido de paz.

Pero el amor de Dios es poderoso y creativo. La misma energía divina y maravillosa que creó al mundo todavía está obrando en todos y cada evento de nuestra vida. Lo que parece una catástrofe será tomado por su poder y convertido en algo que, al final, de alguna manera que ni siquiera podemos imaginar ahora, nos bendecirá a nosotros y a nuestros seres amados.

La fe verdadera en Dios no significa que creemos que nunca nos ocurrirá algo malo. En cambio, sí quiere decir que confiamos en que Dios usará hasta las malas experiencias para nuestro bien y para su gloria.

Padre, tu Palabra me dice que tú has
determinado un tiempo para todo. Desde
tu perspectiva, no existen accidentes.
Tu tiempo nunca está errado. Ayúdame
a confiar en tu plan para mi vida.

Dios, sé que tus obras son perfectas. Tú
no cometes errores. Sé que tú sabes lo
que estás haciendo, aún ahora, cuando
estoy en medio del desastre.

Como tú cuidas de las aves, amante Señor,
ayúdame a reconocer que tú estás más que
consciente de cada evento en mi vida. Tú nunca
duermes, escribió el salmista, así que nada
puede tomarte por sorpresa. Dependo de ti.

El salmista escribió que tú vas delante de mí en mi camino, y que luego vas detrás de mí. Eso quiere decir que estabas esperando por mí justo en medio de lo que me luce como un terrible accidente, y ahora que ya ha terminado, todavía estás aquí a mi lado, ayudándome a rehacer mi vida. Ayúdame a estar dispuesto a construir algo nuevo a raíz de este desastre, con tu ayuda.

En estos momentos se me hace difícil seguir adelante, Dios Creador. No puedo dormir en la noche, consumido por la ansiedad. Cuando finalmente alcanzo el sueño, las pesadillas incomodan mi sueño. Te ruego que restaures mi paz. Ayúdame a descansar una vez más bajo la sombra de tus alas. Sé que no permites que nada me toque sin que primero haya pasado por tus manos amorosas.

Dios, mi mundo parece estar de cabezas.
Y aún así yo confío en ti.
El momento no pudo ser peor.
Y aún así yo confío en ti.
Me siento abrumado por la emoción y la
fatiga, intentando lidiar con estos eventos.
Y aún así yo confío en ti.

Querido Señor, tú lo ves todo, lo conoces
todo, eres todopoderoso y todo amor.
Sé que siempre quieres lo mejor para
mí. Y que en ti no hay «accidentes».

Adicción

Cristo nos libertó para que vivamos en libertad.
Por lo tanto, manténganse firmes y no se sometan
nuevamente al yugo de esclavitud.

GÁLATAS 5.1 NVI

La adicción es una forma de esclavitud. Nos hace necesitar alguna sustancia o actividad para poder vivir, hasta el punto de que nuestra necesidad es una compulsión que domina nuestras otras responsabilidades, relaciones y hasta nuestra salud. Es posible que no nos percatemos de lo serio que es el problema, pero tarde o temprano, despertamos a la realidad de que esa adicción se ha convertido en el amo. No importa lo que creamos intelectualmente acerca de Dios, la adicción se convierte en nuestro verdadero dios. Ya no dependemos del Creador del universo para que nos ayude con los retos de la vida. En lugar de esto, no podemos hacer frente al estrés o a la tristeza, al cansancio o a la ira, sin recurrir a nuestra adicción.

Pero Dios quiere liberarnos. Jesús vino a romper con las cadenas de la esclavitud, ¡y eso incluye la esclavitud de la adicción!

Señor, tú sabes que quiero cambiar.
Sin embargo, una y otra vez regreso a
mis conductas adictivas. ¡Me siento tan
desilusionado conmigo mismo!
Gracias, Señor, porque nunca te desilusionas
conmigo. Siempre estás esperando
para darme una oportunidad más.

Padre, no puedo hacer esto sin tu apoyo.
Muéstrame hacia dónde tengo que ir.
Llévame al consejero correcto, al grupo
correcto, al programa correcto. Quiero
cambiar. Muéstrame cómo hacerlo.

Señor, no puedo cambiar a las personas que amo, sin importar cuánto los ame. Solo tú puedes hacerlo. Tú sabes cuánto me lastima esta adicción en el ser amado en mi vida, cuánto desearía poder hacer algo y lo inútil que me siento. Te entrego mis sentimientos. Te entrego a mi ser amado. Te entrego toda esta situación. Confío en que traerás tu poder sanador sobre la vida de mi ser amado.

Jesús, en los Evangelios dijiste que si quiero ser tu discípulo, tengo que estar dispuesto a tomar mi cruz cada día y luego caminar sobre tus huellas. Reclamo a esta adicción como la cruz que llevo. La tomo en tu nombre. Tal vez nunca podré liberarme de ella. Pero creo que tú tienes un plan para mi vida, y sé que tú me darás la fuerza para cargarla.

Dios, ¡soy tan débil! Pero tú me prometiste que tu poder se perfecciona en mi debilidad, que tu gracia es todo lo que necesito. Aquí está, Dios. Coloco mi debilidad en tus manos. Úsala como tú quieras. Permite que tu gracia llene mi vida.

Sé que los doce pasos de Alcohólicos Anónimos requieren que no tema en hacer un «minucioso inventario moral» de mí mismo. Es muy difícil para mí llevar a cabo una tarea tan aterradora.

Prefiero no mirar a quién y qué soy. Pero, Señor, tú también me pides que examine mis caminos y los pruebe, para así poder regresar verdaderamente a tu presencia. Así que te ruego que me des la fuerza y el valor que necesito. Estoy listo para ser obediente a tu voluntad.

Adulterio

Moisés también dijo: «No sean infieles en su matrimonio». Pero ahora yo les aseguro que si un hombre mira a otra mujer con el deseo de tener relaciones sexuales con ella, ya fue infiel en su corazón.
MATEO 5.27–28 TLA

Todos conocemos la definición técnica de adulterio, pero Jesús enfatizó que no es así de sencillo. Si echamos un vistazo al significado de la raíz de la palabra *adulterio*, esto es lo que descubrimos: las definiciones más antiguas de la palabra querían decir «echar a perder, romper, destruir». Así que cada vez que permitimos que algo rompa nuestros votos matrimoniales, destruya la relación con nuestro cónyuge o eche a perder la intimidad que compartimos, le hemos abierto las puertas al adulterio. Jesús dijo que algo tan aparentemente inofensivo como mirar a otra persona que no sea nuestro compañero puede dañar nuestro matrimonio. Dios nos pide que protejamos el amor matrimonial, que establezcamos un cerco a su alrededor, y que lo protejamos contra cualquier cosa que lo amenace.

Dios, he sido fiel a mi cónyuge, pero mi esposo(a) me ha sido infiel. ¿Cómo puedo perdonar? ¿Cómo puedo siquiera confiar otra vez? ¿Cómo puedo hasta intentar reconstruir este matrimonio roto? Señor, dame sabiduría para encarar el futuro. Muéstrame la senda. Sana mi corazón.

Señor, le fallé a mi pareja. ¿Cómo puedo perdonarme? ¿Cómo puedo siquiera tener la esperanza de merecer otra vez su confianza? ¿Cómo puedo comenzar a reconstruir lo que mis propias manos han destruido? Señor, te ruego que me des sabiduría. Muéstrame la senda. Sáname, sana a mi pareja, sana nuestro matrimonio. Danos esperanza para el futuro.

Señor, no fui infiel físicamente, no en la manera en que mi pareja me fue infiel. Pero hazme recordar que tampoco soy perfecto. Permíteme ver cómo le he fallado a mi cónyuge. Elimina mis pretensiones de superioridad y revélame todas las maneras en las que yo también, Señor, he lastimado a mi amada pareja. Enséñanos humildad a ambos, para que así podamos expresarnos perdón mutuo.

Ayúdame, Jesús, a aceptar todas las maneras en las que soy culpable. Recuérdame que no debo evadir mi responsabilidad culpando a mi cónyuge por mis acciones. Ayúdame a ser lo suficientemente fuerte para aceptar las consecuencias de lo que he hecho. Reconozco que todo lo que puedo hacer ahora es entregarte mi pasado. Te ruego que me enseñes humildad.

Amante Señor, ¿cómo puedo superar esto?
Mi sentido de seguridad y de confianza están
hechos añicos. La intimidad y la privacidad
que pensé que compartía con mi cónyuge
han sido invadidos. Quiero perdonar... pero
también tengo miedo. No puedo olvidar las
mentiras que escuché. No sé cómo comenzar a
reconstruir nuestro matrimonio cuando siento
que sería estúpido volver a confiar otra vez.
Te ruego que me ayudes a mirar hacia delante.

Querido Dios, sabes lo mucho que lastimé a mi
pareja. Recuérdame que tengo que darle tiempo
para llorar, tiempo para sanar. Mantenme
paciente. Enséñame a esperar, y a mantener
mi compromiso con el futuro, mientras espero.
Crea un nuevo corazón en mí, para que mi
pareja vuelva a confiar en mí otra vez.

Tú nos entiendes, Señor. Tú sabes lo
que estamos enfrentando. Tú tienes un
plan para nosotros. Tu Espíritu anhela
dirigirnos hacia un futuro de esperanza,
amor y fortaleza. En ti confiamos.

Alcoholismo

*En cambio, el fruto del Espíritu es . . . dominio propio.
. . . Los que son de Cristo Jesús han crucificado la
naturaleza pecaminosa, con sus pasiones y deseos. Si el
Espíritu nos da vida, andemos guiados por el Espíritu.*

GÁLATAS 5.22–25 NVI

Cuando abusamos del alcohol, nuestras relaciones sufren. Nuestra salud física sufre. Tenemos menos energía para las personas y las actividades que son importantes para nosotros. Y, sobre todo, nuestra relación con Dios sufre.

Dios quiere lo mejor de nosotros emocional, física, intelectual y socialmente. El alcoholismo se interpone en esto. ¡No es que Dios sea un santurrón abstemio! Pero nuestras conexiones más profundas con él solo se pueden afianzar cuando nos estamos convirtiendo en la persona que él tenía en mente cuando nos creó. Él no quiere que nada le ponga trabas a esto... incluyendo el alcohol.

Querido Señor, estoy aprendiendo que hay situaciones que me dan más trabajo lidiar con ellas que otras. Cuando estoy con algunas personas, por ejemplo, es más probable que beba demasiado. Cuando me permito caer en el agotamiento emocional y físico, también soy más propenso a consumir licor. Dios, ¡ciertamente necesito tu ayuda en esto! ¿Podrías recordarme que debo protegerme *antes* de estar en la situación? Ayúdame a evitar las reuniones sociales en las que sienta la tentación de beber más de lo que me conviene. Enséñame a cuidarme, durmiendo lo suficiente, comiendo una dieta balanceada y separando tiempo para descansar en tu Espíritu, para que así no llegue al punto en el que esté demasiado abrumado y débil que no pueda resistir la tentación del alcohol. Y cuando falle, permíteme aprender de mis errores, en lugar de ahogarme en el desánimo. Señor, creo en ti. Juntos, tú y yo, podemos superar esto y encontrar una mejor manera de vivir.

Jesús, sé que me estás ayudando. Creo que estás conmigo. Envíame también ayudantes humanos, por favor. Dame el valor para dejarles saber a otros que tengo un problema, y luego pedirles ayuda. Ayúdame a enfocarme en lo externo, en otros, en lugar de en mi propia situación. Dame un círculo de apoyo fuerte en el que pueda depender, para que así pueda aprender nuevas maneras de vivir.

Dios, cuando siento estrés, es muy fácil servirme un trago. Solo uno, me digo a mí mismo, no me va a hacer daño. Pero entonces comienzo a pensar, uno *más* está bien. Y, antes de darme cuenta, me percato que lo he hecho otra vez. He recurrido al licor como una muleta para llevar mi tensión. Cuando vuelvo a estar sobrio otra vez, el estrés sigue ahí, por supuesto. Parece que nunca aprendo.

Dios Padre, necesito ayuda con esto. Necesito que me ayudes a encontrar maneras de lidiar con mi ansiedad; formas para acercarme más a ti. Cuando me sienta abrumado por la vida, enséñame a hacer ejercicios, a cantar, a llamar a alguien por teléfono, a hacer algo creativo, a tomarme una siesta. Cualquier cosa a la que me dirijas, sé tú el centro. Usa mis sentimientos de estrés como la señal que me diga: tiempo de orar.

Señor, se me hace muy difícil establecer límites. Me siento culpable cada vez que intento trazar una línea por mí mismo, cada vez que digo hasta aquí, y no más. Oro para que me des la sabiduría de saber cuáles líneas necesito trazar. Dame el valor para establecer límites... y luego cumplirlos.

Ira

¡Ya no sigas enojado! ¡Deja a un lado tu ira!
No pierdas los estribos, que eso sólo trae daño.
Salmos 37.8 NTV

De vez en cuando, todos nos enojamos. Pero la Biblia dice que no debemos alimentar nuestra ira. En lugar de rumiar en ella, el salmista dice que debemos dejarla a un lado. En lugar de alimentarla hasta que explotemos, tenemos que librarnos de ella. No hay nada malo en sentir coraje de vez en cuando, pero cuando permitimos que el coraje dicte nuestra conducta, entonces perdemos el control a causa de la ira y entonces, es muy probable que lastimemos a las personas a nuestro alrededor.

Reconoce tus sentimientos de coraje. No trates de esconderlos ni negar que existen. Pero entonces, entrégaselos a Dios. Permite que él sea el recipiente que contenga tu temperamento... y evite que lastimes a los demás.

Dios amante, he notado que soy más propenso a enojarme cuando estoy enfocado en mí mismo. Quiero estar en control, y cuando no ocurre, hasta los detalles más insignificantes me enojan. Ayúdame a recordar que tú estás en control, no yo. Mi vida está en tus manos. No necesito sentirme frustrado cuando las cosas no salen como yo quiero. En lugar de eso, puedo esperar para ver lo nuevo que tú harás.

Jesús, ¿por qué me enojo tanto con los demás cuando no actúan como yo quiero? Mi propia conducta dista mucho de ser perfecta. Oro para que reemplaces mi frustración y resentimiento, con humildad y paciencia.

Señor, enséñame a seguir el consejo de Santiago (1.19–20): ayúdame a ser rápido para escuchar lo que los demás tienen que decir, lento para hablar y aún más lento para enojarme. Mi coraje nunca producirá tu rectitud en mi vida.

Padre, ¿por qué me enojo tanto? Tu respuesta me lleva al Nuevo Testamento, donde la epístola de Santiago me ofrece una buena explicación en lo que concierne a mi corazón (4.1–2). Señor, calma esos deseos ardientes en mi interior, esos que luchan entre sí. Elimina mis deseos por lo que no tengo; y en lugar de esto, permite que me alegre por todo lo que me has dado. Recuérdame que no tengo que reñir, pelear ni discutir con los demás, en el intento de obtener lo que deseo, y permite que simplemente me torne a ti para satisfacer mis deseos, confiando en que tú me darás todo lo que realmente necesito.

Elimina mi coraje, Señor. Enséñame a vestirme con amor y autocontrol.

Jesús, intento deshacerme de mi ira, pero siempre regresa. Mi cólera es como una mancha oscura en una pared blanca. No importa cuántas veces trate de cubrirla con pintura, todavía puedo ver su marca. Y luego, la pintura se desprende y ahí está, tan oscura como siempre.

Muéstrame como eliminar la mancha antes de intentar pintar la pared. Muéstrame el origen de mi ira. ¿Es porque me siento herido? ¿O tengo miedo? ¿Acaso es cuando revivo alguna experiencia de mi niñez? ¿Siento celos o inseguridad? ¿No estoy seguro de mi valía en esta situación? Revélame la verdad —la que sea— y luego, te ruego, que me sanes. Solo así seré capaz de alejarme verdaderamente de la ira.

Dios, recuérdame que el sol no debe ponerse sobre mi ira. Ayúdame a no irme a la cama con un resentimiento que acosará mi sueño y me levantará en la mañana. En lugar de esto, permite que valore mis relaciones lo suficiente para comprometerme a trabajar con los conflictos que surjan. Sé que tú deseas que vivamos en armonía.

Ansiedad

No se preocupen por nada. Más bien, oren y pídanle a
Dios todo lo que necesiten, y sean agradecidos. Así Dios
les dará su paz, esa paz que la gente de este mundo
no alcanza a comprender, pero que protege el corazón
y el entendimiento de los que ya son de Cristo.

FILIPENSES 4.6–7 TLA

Es fácil sentirnos ansiosos. ¿Están seguros nuestros seres amados? ¿Tendremos suficiente dinero para lo que
necesitamos? ¿Haremos un buen trabajo con esa responsabilidad desafiante que se avecina? ¿Nos aceptarán
nuestras amistades? ¿Lograremos hacer todo lo que necesitamos hacer? ¿Tomarán decisiones sabias nuestros
seres amados? Las ansiedades se acumulan a nuestro
alrededor, sin importar hacia dónde miremos.

Necesitamos aprender a transformar nuestra ansiedad en una oración. Cada vez que nos estemos preocu-
pando por algo que puede ocurrir con respecto a alguna
situación, podemos entregarle a Dios ese conjunto de
circunstancias específico. A medida que convertimos esta
práctica en un hábito, descubriremos que nuestra confianza en Dios va aumentando. En lugar de ansiedad,
Cristo morará en el centro de nuestras vidas.

Jesús, tú sabes que con frecuencia tengo el mismo enfoque de vida que Marta: vivo con ansiedad y atormentado por muchos detalles de mi vida. Te suplico que me des el corazón de María. Ayúdame a escoger siempre tu presencia como mi primera prioridad, y solo así mi corazón estará en paz.

Señor, cuando todo marcha bien, no me siento tan ansioso. Me parece que todo está bajo control. Mi sentido de seguridad se mantiene estable. Pero cuando me siento amenazado o abrumado, comienzo a sentir ansiedad. Señor, usa mi ansiedad para recordarme que dependo de tu amor. Que cada temor continuo sea un empujoncito que me vuelva hacia ti y tu fortaleza.

Dios, tú conoces cada una de mis ansiedades. Las deposito todas en ti porque sé que tú cuidas de mí.

Padre, reconozco que soy más propenso a sentirme ansioso cuando me enfoco en las cosas equivocadas. Ayúdame a almacenar mis tesoros en ti, en lugar de acumular cosas en este mundo. ¡No necesito preocuparme por los tesoros eternos!

Ayúdame, Jesús, a seguir el ejemplo de las aves y las flores, que nunca se preocupan. Tú no te olvidas de alimentarlas. Recuérdame que, ante tus ojos, yo soy aún más preciado.

El precio de la ansiedad es muy alto, Señor. Drena mi energía. Afecta mi cuerpo porque me causa dolores de cabeza y problemas estomacales. Se afecta hasta mi sistema inmunológico. Y mientras tanto, el preocuparme por el mañana me roba la alegría de hoy. Señor, ya no quiero pagar más el precio de la ansiedad. Te ruego que te lleves mis preocupaciones. Permíteme confiar en ti.

Dios, la ansiedad me paraliza. Líbrame de ella, por favor. Permíteme tomar cualquier acción que necesite ser tomada, y confiar el resto a ti.

Amante Creador, enséñame a confiar en ti con todo mi corazón. Ayúdame a no depender de mi propio entendimiento. Sé que si busco tu dirección, tú me guiarás por el camino correcto. No quiero depender de mi propia sabiduría. En lugar de esto, decido respetar tu Palabra; me mantendré distante de cualquier cosa que me aleje de ti. Cuando hago todo esto, mi corazón estará en paz y la ansiedad ya no podrá robarme la salud de mi cuerpo. (Proverbios 3)

Discusiones

Te repito: no te metas en discusiones necias y sin sentido
que sólo inician pleitos. Un siervo del Señor no debe
andar peleando, sino que debe ser bondadoso con todos,
capaz de enseñar y paciente con las personas difíciles.

2 TIMOTEO 2.23–24 NTV

No importa lo mucho que tratemos de evitarlo, tarde o temprano terminamos discutiendo con alguien, y la mayoría de las veces es con alguien cercano a nosotros. Compañeros de trabajo, vecinos, amistades, familiares, cónyuges... estas son las personas con las que muy probablemente discutiremos. Pequeñas diferencias de opinión llevan a sentimientos lastimados. La animosidad aumenta. Eventualmente, tal vez ni recordemos qué fue lo que inició todo. Lo que sí sabemos es que estamos trabados en una discusión, y ninguna de las dos partes quiere ser la primera en ceder y pedir disculpas.

Pero Dios no quiere que estemos en conflicto con nadie. Él nos llama a la bondad. Tal vez eso implica dejar a un lado nuestras opiniones y no pensar que son tan importantes... para así poder escuchar lo que piensa la otra persona. Tal vez requiere que mantengamos nuestra boca cerrada, y le demos a la otra persona una oportunidad para hablar.

¿Acaso eso (lo que sea que «eso» pueda ser) es realmente tan importante? ¿O podemos elegir que la bondad sea más importante?

Señor, sé que realmente no te interesa lo
elocuente que pueda ser al presentar mi caso;
si no hablo en amor, soy un metal ruidoso o
un címbalo que resuena. El amor al que me
llamas es paciente y bondadoso; no es arrogante
ni se comporta con rudeza; no es envidioso
ni exige que las cosas se hagan a su manera;
no se irrita ni guarda rencor (1 Corintios
13.1–6). Enséñame a dejar de discutir, y en
su lugar, ayúdame a simplemente amar.

Jesús, hay ocasiones en las que pienso que estoy
discutiendo en tu favor. Recuérdame que tú no
necesitas de mi ayuda para convencer a otros
a creer en ti. Esa es tarea de tu Espíritu. Mi
tarea es simplemente llevar tu amor al mundo.

Dios Creador, usa mi voz y mis palabras
para que tu Espíritu esté presente en
cada conversación. Permíteme practicar
la respuesta amable que calma el enojo,
y evitar las palabras agresivas que echan
leña al fuego (Proverbios 15.1).

Señor, permíteme usar mis conversaciones
solo para tu gloria. Recuérdame buscar la
bendición de los demás en cada cosa que diga.
Si de mi boca salen argumentos y contiendas,
¿cómo puedo afirmar que estoy lleno de tu
Espíritu? Tu Palabra dice que una fuente
de agua salada no puede dar agua dulce, ni
una higuera dar aceitunas (Santiago 3.12).
Limpia primero mi corazón, querido Dios, y
luego mi boca y todas sus palabras, para que
así mi vida no esté llena de contradicción.

Señor amante, dame la fortaleza para dejar a un lado lo que pienso, y en lugar de eso, solo procurar lo que promueve la paz, lo que alienta y lo que te agrada.

Señor, el libro de Proverbios me dice que si bato leche, obtendré mantequilla... si le pegó a alguien en la nariz, sangrará... y si provoco la ira, terminaré en problemas (30.33). ¡Ayúdame a alejarme de las discusiones! Y cuando no lo haga, dame sabiduría, paciencia, valor y amor para lidiar con las consecuencias.

Bancarrota

Así que mi Dios les proveerá de todo lo que necesiten,
conforme a las gloriosas riquezas que tiene en Cristo Jesús.
FILIPENSES 4.19 NVI

Todos sabemos que debemos poner nuestra confianza en Dios, y no en el dinero. Aun nuestra moneda nos recuerda esto, «en Dios confiamos». En el mundo en que vivimos, no tiene sentido poner nuestra confianza en la economía, nuestros empleos o nuestras cuentas bancarias. Y, sin embargo, lo olvidamos una y otra vez, y comenzamos a depender de las finanzas para nuestra seguridad.

Y entonces, colapsa la economía, nos despiden del trabajo y mengua nuestra cuenta bancaria. Tal vez cometimos algunas tonterías a lo largo del camino. Probablemente jamás pensamos que alguna vez enfrentaríamos una bancarrota; no obstante, aquí la tenemos... mirándonos de frente. ¡Este puede ser un momento aterrador!

Sin embargo, aún ahora, Dios no cambia. Él *todavía* es capaz de suplir todas nuestras necesidades desde sus riquezas infinitas. El Creador del universo está de nuestro lado. Él nos cuidará, pase lo que pase.

Para empezar, nuestro dinero nunca nos dio seguridad. Solo Dios nos mantiene verdaderamente seguros.

Padre celestial, mis graneros personales están casi vacíos. Mis finanzas parecen un desierto. Mis ojos están puestos en ti. Abre tu mano y dame lo que sea que más necesito. Confío en que tú sabes qué es. Envía tu lluvia sobre mi vida.

Señor, recuérdame lo que es más importante. Sería fácil orar para que restaures mis finanzas, pero en lugar de eso, oro por valor, autoconfianza y humildad: el valor, la autoconfianza y la humildad para comenzar de nuevo; suficiente valor, autoconfianza y humildad para enfrentar la vergüenza que siento cuando los demás conocen la situación en la que me encuentro; y el valor, la autoconfianza y la humildad para creer que todavía tienes para mí algo bueno en el futuro. Recuérdame que tu amor por mí no flaquea, sin importar cómo luzcan mis finanzas.

Señor, he cometido errores que no quiero repetir. Envíame consejeros financieros sabios. Permíteme reconocer a quién debo escuchar. Muéstrame el camino a seguir.

Dios Creador, estoy confiando en ti. Ya no voy a confiar en mis propios planes. Te ruego que dirijas mis pasos. Ayúdame a confiar en ti.

Padre, en Proverbios dice que la sabiduría, la inteligencia y el conocimiento son necesarios para alcanzar éxito financiero (24.3–4). Querido Señor, edifica mi casa financiera con sabiduría; fortalécela con inteligencia y llena sus cuartos con la riqueza del conocimiento. Te ruego que restaures mis finanzas en tu tiempo perfecto.

Jesús, no permitas que me preocupe tanto por mis propios problemas financieros que olvide que otros también están en necesidad. Tú nos dijiste en tu Palabra que es mejor dar que recibir, así que no permitas que me olvide de dar. Aun ahora, cuando no tengo dinero para compartir con otros, muéstrame que todavía tengo mucho para dar. Permíteme ser generoso con mi tiempo y mi energía; enséñame maneras en las que pueda alcanzar y ser útil a los demás.

Señor, recuérdame que otros están en situaciones peores. ¡Me has bendecido de tantas maneras! Ayúdame a enfocarme ahora en esas bendiciones, durante este tiempo de problemas financieros, y conviérteme en una bendición para otras personas.

Traición

*No es un enemigo el que me hostiga, eso podría
soportarlo. No son mis adversarios los que me insultan
con tanta arrogancia, de ellos habría podido esconderme.
En cambio, eres tú, mi par, mi compañero y amigo
íntimo. ¡Cuánto compañerismo disfrutábamos cuando
caminábamos juntos hacia la casa de Dios!*

SALMOS 55.12–14 NTV

Tarde o temprano, y en algún momento, todos nos sentimos traicionados por alguien en quien hemos confiado. La gente nos decepciona. A veces es sin intención, y ya eso duele bastante. Todavía es peor cuando, a propósito, un amigo nos da una puñalada en la espalda. El dolor puede ser arrollador. No podemos entender por qué alguien nos trata así. Es fácil sentir coraje. Es natural que deseemos estar en guardia y protegernos de cualquier dolor adicional.

Sin embargo, es mucho más retador seguir el ejemplo de Cristo. Él también supo cómo se siente ser traicionado por un amigo. No obstante, él nunca levantó su mano con ira, nunca pronunció palabras hirientes ni buscó devolver el golpe de alguna manera.

Si hemos decidido ser seguidores de Jesucristo, nosotros también tenemos que encontrar la manera de responder con amor a aquellos que nos han lastimado.

Querido Padre, ayúdame a perdonar a aquellos que han transgredido los límites de mi vida, así como tú has perdonado mis transgresiones. Dame la fortaleza para perdonar las deudas de dolor, así como tú has perdonado mis deudas. Recuérdame que yo también he cometido errores. He lastimado y traicionado a otros, y peor aún, te he traicionado a ti.

Señor, fortaléceme en tu poder. Ayúdame a vestirme con toda tu armadura, para que así pueda resistir las artimañas del enemigo. Sé que, a fin de cuentas, este es un asunto espiritual. No estoy lidiando con carne ni sangre que quieran lastimarme, sino con las fuerzas espirituales del mal. Permite que pueda ceñirme con el escudo de la fe, para mantenerme firme, aún ahora. Vísteme con la armadura de la verdad y la justicia (Efesios 6.10–18).

¡Oh, Dios, escucha mi oración y no te escondas de mi súplica por misericordia! Óyeme y respóndeme. Escucho las voces de mis enemigos, siento su opresión, y estoy lleno de mucha inquietud y dolor. Ellos me guardan rencor y ahora están amontonando problemas sobre mí. Mi corazón está angustiado. El miedo me abruma. ¡Ah, si tuviera alas como una paloma, volaría por encima de todo esto! Volaría a algún lugar seguro, a alguna parte donde pudiera estar solo, sin tener que lidiar con nada de esto. En cambio, acudiré a ti, oh Señor. Sé que me rescatarás. De mañana, tarde y noche —todo el día, y durante las largas horas en las que no puedo conciliar el sueño— te contaré todo lo que siento. Y estoy seguro que me escucharás.

Me rescatarás de todos estos problemas. Aun cuando mis enemigos todavía estén en mi contra, tú me mantendrás seguro. Señor, te entrego esta carga pesada; sé que tú cuidarás de mí. Tú guiarás mi camino; no permitirás que resbale y que caiga. ¡Estoy descansando en ti, Dios! (Salmos 55.1–7, 16–18, 22–23)

Jesús, sé que entiendes cómo me siento. Tú también fuiste traicionado por uno de tus amigos más cercanos. Y de la misma manera en que no me enfocaría en el papel que jugó Judas en la historia, por encima del tuyo, ahora decido mirar hacia ti, en lugar de enfocarme en las personas que me han defraudado. Es a ti a quien sigo. Eso no ha cambiado.

Dios Creador, usa el dolor que siento a causa de esta traición para tus propósitos. Enséñame en medio de todo esto. Profundiza mi compasión por otros.

Retos

Cuando salgas a pelear contra tus enemigos y veas un
ejército superior al tuyo, con muchos caballos y carros de
guerra, no les temas, porque el SEÑOR tu Dios, que te sacó
de Egipto, estará contigo. Cuando estés a punto de entrar
en batalla, el sacerdote pasará al frente y exhortará al
ejército con estas palabras: «¡Escucha, Israel! Hoy vas a
entrar en batalla contra tus enemigos. No te desanimes ni
tengas miedo; no te acobardes ni te llenes de pavor ante
ellos, porque el SEÑOR tu Dios está contigo; él peleará en
favor tuyo y te dará la victoria sobre tus enemigos».

DEUTERONOMIO 20.1–4 NVI

Es muy poco probable que tengamos que enfrentar alguna vez un ejército de caballos y carros, pero hay días
en los que los retos en nuestras vidas parecen tan ame-
nazantes como cualquier campo de batalla. Cuando eso
ocurre, necesitamos seguir el consejo que nos ofrece
Deuteronomio. Primero, recuerda todo lo que Dios ha
hecho por nosotros en el pasado. Segundo, cree que es
él quien va a pelear nuestras batallas, no nosotros. Podemos contar con él para la victoria.

Señor, te pido que seas mi torre fuerte. En medio de todos los retos de mi vida, corro hacia ti. Mantenme seguro. (Salmos 18.10)

Dios, tú eres mi amparo y mi fortaleza, mi ayuda omnipresente en medio de los retos. Por lo tanto, no temeré, aun si la tierra se desmorona, incluso si las montañas se hunden en los océanos (Salmos 46.1–3). En medio de todos estos retos, tengo la certeza de que tú estás conmigo.

Señor, siempre te tengo presente. Solo estoy mirando hacia ti. Y como sé que estás ahí, justo a mi lado, ningún reto puede sacudirme. (Salmos 16.8)

Dios, enséñame sobre ti, aquí en medio de esta situación. Que pueda aprender de tu poder, tu amor y tu creatividad extraordinaria. ¡Sé que no existe nada difícil para ti!

Tú eres el Señor del universo. Tú creaste mundos de la nada. Tú me formaste en el vientre de mi madre y me trajiste a la existencia. Has estado conmigo en todos los retos que he enfrentado desde que nací. Con cada prueba, he crecido. Te has revelado en nuevas maneras a lo largo de toda mi vida. ¡Ahora estoy esperando para ver lo que harás!

Señor, el reto que tengo enfrente es demasiado
grande para mí. Mi confianza en mí mismo
falla. No puedo evitar el comparar lo grande
que es el reto y lo pobres que son mis
capacidades para enfrentarlo. Mi fe flaquea.
No obstante, sé que cuando reconozco cuán
débil realmente soy, entonces tú tienes la
oportunidad para revelar tu fuerza. El reto
que se avecina se achica cuando lo comparo
con tu inmensidad. Y finalmente me doy
cuenta de que mi percepción de los retos
que se acercan depende de mi perspectiva.
Mantenme enfocado en ti y en tu poder.

Jesús, creo que todo lo puedo porque
tú me fortaleces (Filipenses 4.13).

Enfermedad crónica

Ten misericordia de mí, oh Jehová, porque estoy enfermo;
sáname, oh Jehová, porque mis huesos se estremecen.
SALMOS 6.2 RVR1960

Cuando enfrentamos una enfermedad crónica, con frecuencia experimentamos toda una gama de emociones: coraje, desesperación, vergüenza, apatía, depresión, soledad, confusión, miedo, tristeza. Simplemente podemos sentir que no es justo. Al mismo tiempo, no sabemos qué esperar más adelante. Queremos rendirnos. Queremos gritar. Anhelamos que alguien nos entienda. Desearíamos poder escapar. Estamos enojados con Dios. Queremos escondernos y no salir de la cama. Quisiéramos poder regresar a nuestra vida anterior.

Todos estos sentimientos son normales. No nos convierten en cristianos de segunda clase. Tampoco interfieren en nuestra relación con Dios, siempre y cuando los compartamos con él. Necesitaremos ayuda para lidiar con esta condición —médicos, consejeros, amigos, familiares— pero sobretodo, es necesario que encontremos a Dios aun aquí, en medio de nuestra enfermedad. Cuando vemos su rostro, entonces podemos comenzar a movernos hacia delante una vez más.

Señor, estoy enfermo, pero aún así decido
bendecir tu nombre. Esta enfermedad
me ha menguado, pero aún así te entrego
todo lo que puedo ofrecerte. Señor, si es
tu voluntad, sáname. Redime mi vida de
la destrucción. Coróname con tus favores
y misericordias. (Salmos 103.1–4)

Amado Dios, ¡mi vida luce tan oscura! No sé
cómo sobreponerme a esta enfermedad. Te
ruego que seas mi sol. Levántate sobre mi vida,
trayendo salud en tus alas. Libérame de las
murallas de enfermedad que me mantienen
cautivo. Permíteme correr libremente, como
un becerro que sale del establo cuando
llega la primavera. (Malaquías 4.2)

Jesús, sé que cuando caminaste en esta tierra, sanaste todo tipo de enfermedades. La gente siempre quería acercarse a ti, reclamando tu sanidad. Solo el toque de tu manto hizo que saliera tu poder sanador para aquellos que habían estado enfermos durante muchos años. Jesús, creo que hoy eres el mismo que eras en aquel entonces. Estás lleno de poder sanador. ¡Si tan solo pudiera tocar tu manto!

Señor, sé que no siempre decides sanar a los enfermos. En lugar de eso, a veces les pides que soporten su enfermedad. Y sin embargo, aun entonces, creo que tú traes sanidad, la sanidad más profunda de todas, la que llega hasta lo más íntimo del alma de una persona y perdura hasta la eternidad. Dios, te pido ese tipo de sanidad. Tú sabes que quisiera liberarme de esta enfermedad, aquí y ahora (¡ahora mismo!), en esta vida. Sin embargo, dame la fortaleza para soportarla, si en lugar de eso quieres sanarme en otras maneras; en formas que necesito aún más.

Dios, enséñame más sobre la oración a través de esta enfermedad. Yo sé que no siempre decides responder nuestras oraciones de la manera en que quisiéramos. También sé que con frecuencia nuestras perspectivas son demasiado limitadas como para entender qué es lo que más necesitamos. Sin embargo, aún así creo que siempre escuchas mis oraciones. Tú nunca me ignoras. Mis oraciones siempre me conectan contigo, y abren el espacio para que puedas obrar en mí. Señor, te suplico que obres en mí. De la forma en que tú quieras. Esa es mi oración.

Enséñame, Dios, a aceptar la realidad de mi vida. Oro para algún día recibir sanidad (ya sea en esta vida o en la próxima), pero mientras tanto, dame las fuerzas para lidiar con mi realidad de este momento. Ayúdame a enfocarme en todo lo que todavía tengo, en lugar de concentrarme en mi enfermedad. Ayúdame a no alejarme de la gente. Permíteme ser útil todavía en tu reino. Ayúdame a adorarte con mi vida.

Dolor crónico

Después de que hayan sufrido un poco de tiempo,
él los restaurará, los sostendrá, los fortalecerá y
los afirmará sobre un fundamento sólido.

<small>1 Pedro 5.10 ntv</small>

La vida está llena de dolor. Hasta los bebés tienen que lidiar con cólicos e infecciones de oído. A medida que vamos creciendo, experimentamos dolores de espalda, de cabeza, de estómago. La mayoría de estos dolores vienen y van, pero mientras más envejecemos, más tarda en desaparecer el dolor. A veces, el dolor llega y se queda para siempre.

Cuando esto ocurre, es posible que toda nuestra vida sufra cambios. Resulta difícil que interactuemos con otros de la misma manera que antes lo hacíamos. Es posible que ya no disfrutemos de las actividades que antes eran nuestras preferidas. Y hasta nuestra vida espiritual puede afectarse.

Sin embargo, Dios sigue con nosotros aún ahora. Y él promete restaurarnos, sostenernos y fortalecernos, para que aún en medio del dolor, estemos parados sobre un fundamento firme.

Jesús, sé que experimentaste dolor. Tú no viviste alejado de la experiencia humana, y moriste en la cruz, en una agonía terrible. Tú entiendes cómo me siento en este momento. Puedo acercarme a ti sabiendo que, aun si nadie más entiende lo que estoy pasando, tú entiendes verdaderamente.

Dios, este dolor ha tomado control de mi vida. Me siento débil e inútil. El desaliento, la frustración y el resentimiento amenazan con ahogarme. Señor, te ruego por favor que me muestres el camino por delante. Permíteme encontrar maneras para controlar este dolor. Ayúdame a vivir con él. Transfórmalo en algo que me acerque más a ti, oro esto en tu nombre.

Cristo, decido tratar este dolor como una manera en la que puedo participar en tus sufrimientos. Creo que cuando tu gloria me sea revelada, también compartiré tu gozo y alegría. (1 Pedro 4.13)

Señor, cuando me sienta desalentado, recuérdame que el sufrimiento de hoy para nada compara con la nueva obra que estás realizando en mí, una gloria resplandeciente que un día será revelada. (Romanos 8.18)

Hay días, Señor, en los que tengo que confesar que siento coraje contigo. ¿Por qué me estás haciendo esto? ¿Por qué no me quitas el dolor? Gracias, querido Señor, por ser lo suficientemente grande como para lidiar con mi coraje.

Jesús, no sé cómo obedecer al apóstol Pablo cuando nos dice que nos regocijemos en nuestros sufrimientos. Sin embargo, voy a esperar en ti, creyendo que, de alguna manera, este sufrimiento producirá perseverancia... y la perseverancia producirá entereza de carácter... y que de ahí nacerá la esperanza; una esperanza jamás nos defraudará. Gracias por derramar tu amor en mi corazón a través del Espíritu Santo. (Romanos 5.3–5)

Señor, este dolor constante es una carga muy pesada. La deposito en ti. Te ruego que me sostengas. (Salmos 5.2)

Discordia en la iglesia

Hay seis cosas que el Señor odia, no, son siete las que detesta: los ojos arrogantes, la lengua mentirosa, las manos que matan al inocente, el corazón que trama el mal, los pies que corren a hacer lo malo, el testigo falso que respira mentiras, y el que siembra discordia en una familia.

PROVERBIOS 6.16–19 NTV

Con frecuencia, tenemos altas expectativas para nuestra iglesia local. Después de todo, la iglesia es el lugar donde esperamos aprender sobre Dios, el lugar donde asumimos que el amor de Dios será más evidente para nosotros. Por eso cuando los desacuerdos y la división perturban nuestra iglesia, podemos sentirnos no solo decepcionados, sino también desilusionados. Sin embargo, una iglesia es una organización humana.

No obstante, Dios no tiene paciencia con las discordias en la iglesia que se tornan en chismes y traición, bandos y conspiración, mentiras descaradas y hostilidad sin fin. Es muy fácil quedar involucrado... tomar bandos, escuchar chismes y hasta contribuir a la exageración y las quejas que proliferan en una iglesia dividida.

Los conflictos son inevitables en cualquier familia, incluyendo las familias en la iglesia. Pero el Espíritu de Dios siempre busca sanar y restaurar la unidad. Como seguidores de Cristo, hemos sido llamados a ser susceptibles a la dirección del Espíritu... ¡a promover la paz y no los conflictos!

Querido Señor, conviérteme en un pacificador. Dame las palabras que debo decir para construir puentes entre los grupos e individuos que están en conflicto.

Jesús, no quiero formar parte del problema en mi iglesia. Sin embargo, es demasiado fácil ser arrastrado al chisme y las quejas. De pronto me siento *interesado*, quiero saber más... y antes de darme cuenta, me percato que estoy abanicando el fuego del desacuerdo. Soy parte del mismo problema que tanto detesto. Ayúdame a resistir. Permite que nunca siembre discordia en mi iglesia.

Padre celestial, sazona mi hablar con tu sal de gracia (Colosenses 4.5). Dame la sabiduría para reconocer cómo contestarle a cada persona. Permite que vea cada conversación como un paso hacia la paz.

Señor, es muy fácil restarle importancia a las discusiones en nuestra iglesia. Pero esta discordia es realmente una obra de oscuridad, porque reduce la efectividad de tu cuerpo. Hemos sido llamados a llevar fruto para ti, y no estas discusiones improductivas y estériles. Permite que tu Espíritu me use para irradiar luz en este conflicto, para que podamos comenzar a ver su naturaleza real. Te ruego Señor, transforma esta situación y permite que comience a llevar el fruto duradero de tu Espíritu Santo.

Jesús, ¿cómo podemos afirmar que tenemos comunión contigo si estamos caminando en oscuridad? No estamos practicando la verdad; nos estamos mintiendo a nosotros mismos. Muéstranos tu luz, Señor, para que así podamos caminar en ella. Restaura nuestra comunión unos y con otros. Límpianos de todo coraje y división. (1 Juan 1.6–7).

Dios, nuestra iglesia se ha enorgullecido de haberse separado de la inmoralidad del mundo. No somos codiciosos, nos decimos con aire de suficiencia; no estafamos a la gente; no adoramos a los dioses falsos del mundo. No obstante, aunque hemos vivido tan orgullosos de nosotros mismos, hemos permitido que estos mismos pecados entren a nuestro entorno. Hemos codiciado nuestro propio camino dentro de la iglesia. Hemos procurado estafar el control de otras personas. Hemos adorado al ídolo del poder. Y, peor aún, hemos hecho todo esto bajo la apariencia de estar buscando tu voluntad. Oh, Señor, danos ojos para ver, y corazones humillados que estén dispuestos a cambiar.

Querido Cristo, te pido que nos ayudes a deshacernos de toda malicia, toda mentira, toda hipocresía, toda envidia y todo chisme. Conviértenos en recién nacidos, que anhelan su leche espiritual, para así poder crecer juntos a una experiencia plena de salvación. Permítenos probar lo bueno que realmente eres. Nos acercamos a ti —la piedra viva que los seres humanos rechazaron, pero que Dios escogió— y te pedimos ser también piedras vivas, para que puedas usarnos para edificar una casa espiritual. Seremos sacerdotes santos, ofreciendo sacrificios que agradan a Dios. (1 Pedro 2.1–5)

Muerte de un hijo

Dichosos los que lloran, porque serán consolados.
MATEO 5.4 NVI

Cuando los padres mueren, se llama huérfanos a sus hijos; cuando un cónyuge fallece, se le llama viudo o viuda a la pareja; pero cuando muere un hijo, el idioma español no tiene ninguna palabra para nombrar a los padres que le sobreviven. Esta es una pérdida para la que ni nuestro idioma está listo. Va en contra del orden natural. Golpea la esencia de nuestra identidad como padres, pues nuestra tarea es dar vida, y luego cuidar y proteger esa vida, y ahora parece que hemos fallado.

Esta es una pérdida demasiado terrible para poder aguantar, demasiado inmensa para ser transformada por el movimiento implacable y hacia adelante que nos exige la vida. Es posible que hasta nos sintamos culpables por siquiera intentar encontrar una manera de sanar y seguir adelante. No podemos creer que sea posible disfrutar otra vez de la alegría o la esperanza.

Sin embargo, la promesa de Cristo en las Bienaventuranzas ahora nos pertenece. Sin importar lo extraño e imposible que pueda parecer, su felicidad será nuestra, porque él nos dará el valor y el consuelo aun en medio de la tristeza. No sabemos cómo salir adelante, pero no tenemos que saberlo. Él sí lo sabe.

Padre, ¿lloraste cuando tu Hijo
murió? ¿Entiendes cómo me estoy
sintiendo en este momento?

Señor, me siento como si hubiera emprendido
un viaje hasta justo el borde del mundo.
Todas mis esperanzas, sueños y planes se
han ido. Ahora que mi hijo ha muerto, ya
no me interesan para nada. No entiendo.
No sé hacia dónde volverme. Ayúdame.

Dios, también sé que la gente a mi
alrededor también lloran la pérdida de mi
hijo. Sin embargo, mi aflicción es única
debido a que el vínculo que compartía con
mi hijo era muy personal y especial.
Gracias por entender cuando
nadie más puede hacerlo.

Señor, el tiempo pasa, pero mi pena sigue aquí.
Reconozco que los demás ya no saben cómo
ayudarme. Ellos desean que ya termine mi
proceso de duelo. Quieren que siga adelante
y vuelva a ser la persona que era antes.
Sin embargo, todavía mi dolor no termina.
El dolor que siento a raíz de la muerte de mi
hijo nunca desaparecerá. No puedo seguir
adelante porque, si lo hago, significaría
dejar atrás a mi hijo. Nunca volveré a ser
la persona que antes era. No es posible.
Aún así, Señor, sé que todavía tienes un
propósito para mí. Te suplico que me reveles ese
propósito. Usa este dolor para transformarme
en un nuevo instrumento de tu amor. Permite
que mi vida sea un homenaje para mi hijo. Más
aún, permite que sea lo que tú quieres que sea.
Dame la fortaleza para colocar
mi dolor en tus manos.

Justo cuando pienso que finalmente le puedo hacer frente a la vida otra vez, de pronto me siento abrumado nuevamente por el dolor. En un momento estoy progresando... y al siguiente, estoy sollozando. A veces me siento demasiado deprimido como para levantarme en la mañana. Otros días siento coraje hacia otros, hacia la vida y hacia ti. Algunos días me invade la culpa, el miedo de ser culpable, de haber defraudado a mi hijo. Y entonces están los días en los que siento todas estas emociones, una tras otra. Dios, dirígeme un paso a la vez. Momento a momento, estoy dependiendo de ti.

Señor Jesús, gracias por los recuerdos. Muéstrame cómo deleitarme una vez más en la vida de mi hijo. Estoy muy agradecido de que hayas creado a este ser tan especial y que yo haya tenido el privilegio de ser el padre (la madre) de mi hijo. Ayúdame a confiarte mi hijo ahora, sabiendo que mi hijo nunca fue realmente mío; siempre fue tuyo.

Muerte de un progenitor

No los voy a dejar huérfanos; volveré a ustedes.
JUAN 14.18 NVI

No importa la edad que tengamos, cuando nuestros progenitores mueren, de pronto nos sentimos asustados, como si fuéramos niños pequeños. No hemos conocido al mundo sin nuestros padres en él. Aun si no hemos tenido una relación cercana con ellos, nuestros padres siguen siendo el cimiento básico de nuestras vidas. Estamos enlazados a ellos por vínculos invisibles que están incrustados en nuestras células, y sus muertes pueden conmovernos en lo más profundo.

En ocasiones podemos sentir que las personas que nos rodean no entienden nuestra pérdida a cabalidad. Especialmente si nuestros padres eran ancianos al momento de morir, otros pueden esperar que aceptemos sus muertes fácilmente. «Después de todo», escucharemos, «tuvieron una vida larga y buena». Pero clichés como este no sirven de consuelo para ese niñito dentro de nuestros corazones.

Pero Dios entiende. Él está listo para estar junto a nosotros, en una forma nueva, en medio de este dolor. Él no nos dejará huérfanos.

Padre, yo pensaba que era muy independiente y maduro. Pero la muerte de mi progenitor me hizo ver lo mucho que te necesito. Te ruego que estés a mi lado en este momento.

Señor, he estado tratando de echar a un lado a ese niñito asustado en mi interior. Después de todo, ¡hace años que soy adulto! Pero hoy, te entrego a ti a ese niño. Ayúdame a honrar los temores de ese niño, y quizás hasta escuchar las perspectivas que ese niño me ofrece para mi vida hoy. Consuela a ese niño que hoy está sufriendo por mis padres.

Querido Dios, gracias por la vida de mis progenitores. Gracias por todas las maneras en las que me has amado a través de mis padres, por todo lo que me has enseñado, por todas las formas en las que me has bendecido. Atesoro cada recuerdo que tengo. Permíteme seguir aprendiendo de mi progenitor, aun cuando ya no está conmigo en esta vida.

Señor, me siento culpable. Pude haber sido un mejor hijo. Pude haber hecho mucho más por mi progenitor. Pude haberle demostrado mi amor de muchas otras maneras. Y ahora es demasiado tarde. Señor, sé que no puedo cambiar el pasado. Así que te lo entrego a ti. Ayúdame a dejarlo en tus manos.

Ahora que mi progenitor ha fallecido, Señor, estoy recordando muchas etapas distintas de mi vida. La mamá que me abrazaba y me besaba cuando yo era pequeño. El papá que me enseñó a amarrarme los zapatos y correr bicicleta. El que me enseñó a manejar... y hacia el que sentí resentimientos en mis años de adolescencia. El padre y la madre a los que aprendí a respetar en nuevas maneras cuando me hice adulto. Y el progenitor que vi envejecer. Amante Señor, permíteme atesorar siempre a mi progenitor en mi corazón. Gracias por darme a este padre o madre tan especial.

Jesús, no estaba preparado para que esto me doliera tanto. Te suplico que me acompañes en medio de este dolor. Permite que me enseñe lo que tú deseas que aprenda.

Muerte de una mascota

El llanto podrá durar toda la noche,
pero con la mañana llega la alegría.
Salmos 30.5 ntv

Nuestras mascotas son parte de nuestras familias. Y cuando mueren, lo más natural es que sintamos tristeza y dolor, igual que sentimos cuando muere un ser querido. Sin embargo, esta es una pérdida que no todo el mundo va a entender. Después de todo, es «solo un animal». Hay personas que sienten que no es apropiado expresar tristeza por la muerte de una mascota.

Sin embargo, Dios creó estos animales. Dios los ama más que nosotros los amamos. (¿Cómo podría ser de otra manera?) Él entiende nuestra pena cuando ellos mueren. Y él consolará nuestros corazones.

Querido Señor, extraño a mi mascota. Cuando llego a casa, todo parece vacío, como si hubiera un hueco. Oro para que me des tu consuelo.

Sé que mi mascota era un animal, no un ser humano, pero a pesar de esto, mi mascota me enseñó sobre ti. Mi mascota me mostró amor incondicional. Se deleitaba en mi presencia. Nunca aburrí a mi mascota, ni tampoco estuvo nunca demasiado ocupada para pasar tiempo conmigo. Tú me mostraste tu amor a través de esta pequeña criatura. Gracias, Señor.

Padre celestial, gracias por el regalo de la vida de mi mascota. Me siento muy agradecido de que hayas traído a este animal a mi vida. Atesoro los recuerdos, y me alegra que sean mis memorias.

Dios creador, fuiste tú quien, para empezar, creaste a este animal. Así que ahora te confío a esta criatura de vuelta a ti. Pongo a mi mascota en tus manos, confiando en tu amor.

Señor, ayúdame a encontrar una manera de llevar conmigo los recuerdos de mi mascota. Permite que pueda encontrar alegría y consuelo al recordar.

Señor, a pesar de lo mucho que me duele
la muerte de nuestra mascota, sé que es
aún más difícil para mis hijos. Muéstrame
cómo ayudarlos en su tristeza. Permite que,
juntos, podamos abrir nuestros corazones
al dolor de la pérdida, sabiendo que tú
siempre estarás presente en nuestra angustia.
Usa esta ocasión tan triste como una
oportunidad para crecer como familia.

Dios, permite que mis hijos descubran sabiduría
en medio de su tristeza. No permitas que
sientan miedo a amar otra vez, aun cuando
todo amor conduce a la pérdida. Permite que
ellos abran sus corazones a tu creación y a ti.

Muerte del cónyuge

Tenme compasión, Señor, que estoy angustiado; el dolor
está acabando con mis ojos, con mi alma, ¡con mi cuerpo!
SALMOS 31.9 NVI

Luego de enfrentar la vida como pareja, es muy difícil estar solo otra vez. No solo extrañamos a la persona que amamos, sino que enfrentamos muchos retos prácticos. Tenemos que lidiar con una realidad financiera nueva. Tenemos que asumir responsabilidades en el hogar de las que nuestro cónyuge solía ocuparse. Es posible que tengamos que seguir siendo padre o madre, pero sin el apoyo y el insumo de nuestra pareja. Y mientras estamos obligados a enfrentar todas estas preocupaciones diarias, nuestros corazones se hacen trizas en nuestro interior. Hemos perdido a la persona con la que más intimidad teníamos, nuestro amante y nuestro amigo. Sentimos un dolor emocional, espiritual y físico.

No existe una manera fácil ni rápida de atravesar este periodo de tristeza. La angustia no tiene atajos. Pero Dios ha prometido estar con nosotros, siempre. Nada nos puede separar de su amor, y él caminará a nuestro lado, día a día, de momento a momento, mientras recorreremos el camino del dolor.

Jesús amante, dame las fuerzas para lidiar
con todo lo que necesito hacer ahora que mi
cónyuge ya no está aquí. Tengo que realizar
gestiones legales y bancarias. Asuntos de
seguro y una papelería que no tiene fin. Y
luego están las pertenencias de mi cónyuge,
que tengo que revisar y tomar decisiones
acerca de ellas. Me siento extenuada con
mi dolor, ¿cómo voy a encontrar las fuerzas
para lidiar con todas estas tareas?
Señor, te ruego que me envíes ayudantes sabios
y bondadosos que caminen conmigo y me guíen
en estos días tan difíciles; pero también te ruego
que envíes a tu Espíritu para darme la fortaleza
para hacer todo lo que tengo que hacer.
Permíteme depender de ti en todo este proceso.

Dios, ¿cómo se supone que ahora enfrente algunas interacciones sociales? La gente actúa con incomodidad cuando están a mi alrededor. Se comportan como si el pretender que mi cónyuge no estuviera muerto, pudiera provocar que yo me olvide también. Es como si caminaran de puntillas cuando yo estoy cerca. Ayúdame a perdonarlos, Señor. Estoy seguro de que es muy probable que yo haya actuado de la misma manera con otras personas. Te ruego que envíes a alguien que me permita llorar, que me abrace y que se siente a mi lado y me escuche hablar sobre el ser que perdí.

Oh, Dios, ya no puedo hacer frente al calendario. Aniversarios, San Valentín, cumpleaños, Navidad... todos estos días provocan que reviva muchos recuerdos y traen mucho dolor. Según pasa el tiempo, extraño a mi cónyuge en nuevas maneras. No puedo evitar pensar: *el año pasado, en esta fecha, estábamos...* Y resiento el pasar del tiempo porque cada día me aleja más del tiempo que compartí con mi pareja. Señor, te entrego mis días. Permite que te busque en cada uno de ellos, aun en esos que son los más difíciles.

Padre celestial, recuérdame, aún en medio de
mi dolor, a cuidar de mí. ¡Es tan difícil que
esto me importe ahora mismo! Nada parece
importar mucho. Pero sé que otros me necesitan
—tú me necesitas— y *yo* me necesito (aunque
suena gracioso). Ayúdame a tomar el tiempo
para comer saludablemente. Dame el regalo
del sueño y el descanso. Recuérdame que debo
ejercitarme, aunque sea solo salir a caminar.

Gracias, Señor, por la vida de mi cónyuge.
Me siento muy feliz que le hayas traído
a mi vida. Sin mi pareja en mi vida, no
sería hoy quién soy. Te ruego que sigas
bendiciéndome a través de las memorias
que atesoro de nuestros momentos juntos.

Depresión

El SEÑOR está cerca de los quebrantados de corazón, y salva a los de espíritu abatido.

SALMOS 34.18 NVI

La depresión es más que simplemente las tristezas diarias que vienen y van. En una sensación profunda que te atrapa y no te suelta, día tras día. Puede afectar nuestras vidas sociales, profesionales, espirituales, y nuestra salud. Los sicólogos nos dicen que la depresión es el desorden siquiátrico más común de todos. Casi todos nosotros, en algún punto de nuestras vidas, la experimentaremos.

Como cristianos, tal vez pensamos que deberíamos ser inmunes a la depresión. ¡Pero la depresión no es un pecado! Dios ha prometido estar particularmente cerca de nosotros mientras atravesamos estos tiempos sombríos. Él estará a nuestro lado, esperando para guiarnos a su alegría, una vez más.

Querido Dios, estoy en un desierto emocional,
en un terreno baldío y estéril. Protégeme,
Señor. Cuídame. Guárdame como a la
niña de tus ojos. (Deuteronomio 32.10)

Señor, estoy esperando pacientemente en
ti. Sé que te inclinarás a mí y escucharás mi
clamor. Me sacarás del pozo de la destrucción,
de este pantano cenagoso de la depresión,
donde estoy atollado. Pondrás mi pie sobre
la roca, y mis pasos serán firmes. Y luego,
pondrás un cántico nuevo en mis labios, un
himno de alabanza a Dios. Muchos verán
lo que has hecho por mí, y ellos también,
podrán su confianza en ti. (Salmos 40.1–3)

Padre celestial, ¿por qué está mi alma tan abatida? ¿Por qué siento tanta confusión? Ayúdame a tener esperanza en ti. Sé que te alabaré otra vez, porque tú eres mi salvación y mi Dios. (Salmos 42.11)

Gracias, Jesús, por venir a la tierra y compartir nuestras experiencias humanas. Sé que puedo encontrar paz en ti. En este mundo enfrentaré momentos difíciles, pero cuando eso ocurra, confiaré, porque sé que tú has vencido al mundo. (Juan 16.33)

Bendecido seas, Dios, Padre de mi Señor
Jesucristo, porque eres el Padre de misericordias
y de toda consolación. Tú me consuelas
en todas mis aflicciones, incluyendo esta
depresión que se ha apoderado de mí.
Úsame, para que algún día pueda consolar
a otros que estén pasando por algo similar.
Permite que pueda dar a otros el consuelo
que recibo de ti hoy. (2 Corintios 1.3–4)

Señor, me extendiste tu mano desde lo alto.
Me alcanzaste y me sacaste de las aguas
profundas de la depresión. Me libraste de
mi enemigo poderoso, de esta depresión
que era demasiado fuerte para que pudiera
vencerla solo. Cuando la calamidad parecía
rodearme, tú saliste a mi encuentro. Me trajiste
a un amplio espacio, un espacio de libertad
y salud emocional. Me liberaste porque te
deleitaste en mí. (2 Samuel 22.17–20)

Discapacidades

También dijo Jesús al que lo había invitado: —Cuando des una comida o una cena, no invites a tus amigos, ni a tus hermanos, ni a tus parientes, ni a tus vecinos ricos; no sea que ellos, a su vez, te inviten y así seas recompensado. Más bien, cuando des un banquete, invita a los pobres, a los inválidos, a los cojos y a los ciegos.

LUCAS 14.12–13 NVI

Los Evangelios establecen claramente que Dios se interesa por las personas con discapacidades. Las personas a las que el resto de la sociedad pasaba por algo e ignoraba, era la gente a la que Jesús prestaba más atención. Los Evangelios están repletos de historias de Jesús sanando a ciegos, cojos o inválidos de cualquier otra forma. Nunca le escuchamos decir que estas personas eran menos importantes o que no merecían su tiempo. En lugar de esto, él les trató con respeto y compasión, y luego las levantó, para que volvieran a ocupar su lugar justo en la sociedad.

Como seguidores de Cristo, nosotros también somos llamados a ayudar a las personas con discapacidades. No podemos sanar sus problemas físicos, pero sí podemos tratarlas con dignidad y respeto. Podemos asegurarnos que no las ignoren ni las pasen por alto. Y podemos trabajar para que vuelvan a ocupar su lugar en la sociedad, permitiéndoles así que contribuyan a nuestras comunidades.

Señor, le dijiste al apóstol Pablo que tu gracia era todo lo que necesitábamos. Tu poder, dijiste, se perfecciona en la debilidad (2 Corintios 12.9). Recuérdame que no debo mirar ninguna discapacidad como si fuera una debilidad. En lugar de esto, permíteme estar alerta a las formas en las que tu poder obra de maneras sorpresivas.

Señor, sé que a fin de cuentas y tarde o temprano, todos nosotros posiblemente enfrentaremos algún tipo de discapacidad, especialmente a medida que envejecemos. La discapacidad es parte de la condición humana. No puedo aislarme de esto. En cambio, Señor, oro para que uses esas discapacidades para tu gloria.

Jesús, leo en los Evangelios sobre las maneras en las que restauraste la visión a los ciegos, hiciste caminar a los cojos, devolviste la audición a los sordos, y sanaste todas las discapacidades que encontraste. Sé que no es probable que pueda sanar literalmente las discapacidades físicas de las personas con las que interactúo, pero te suplico, que aún así, tu poder sanador obre a través de mí.

Querido Padre, permite que pueda verte en cada persona, sin importar lo quebrantadas que puedan lucir en el exterior. Permíteme recordar que cuando sirvo a quienes están discapacitados, realmente te estoy sirviendo a ti.

Señor, el tener que lidiar con esta discapacidad consume todas mis fuerzas. Estoy extenuado. No me queda nada que pueda dar. Te ruego que renueves mi corazón.

Desilusión

Aunque la higuera no dé renuevos, ni haya frutos en las vides; aunque falle la cosecha del olivo, y los campos no produzcan alimentos; aunque en el aprisco no haya ovejas, ni ganado alguno en los establos; aun así, yo me regocijaré en el Señor, ¡me alegraré en Dios, mi libertador!

HABACUC 3.17–18 NVI

La desilusión nos llega en todas formas y tamaños. Quizás hasta la vida misma nos ha desilusionado. Deseábamos haber alcanzado una meta en particular a este punto de nuestras vidas, y no se ha hecho realidad como lo habíamos imaginado. De hecho, nuestra meta está más lejos que nunca. Es posible que tengamos que aceptar la posibilidad de que nunca la alcanzaremos. Tal vez nos defraudó alguien en quien confiábamos, y nos sentimos desilusionados porque esta persona no es quien habíamos pensado. O es posible que nos sintamos desilusionados con nosotros mismos. Nuestros propios fracasos y debilidades nos han obligado a reconocer que no somos las personas que soñábamos ser.

Sin embargo, algo sí es cierto: no importa qué nos desilusione, ¡Dios nunca se desilusionará con nosotros! Cuando todo lo demás nos falle —aunque la higuera no dé renuevos, ni haya frutos en las vides; aunque los campos no produzcan alimentos y todo en nuestras vidas esté vacío— aún así podemos regocijarnos en Dios, nuestro Salvador.

Señor, sabes cuán desilusionado me siento en este momento. Recuérdame, Señor, que soy tu hijo y que deseas que aprenda alguna lección de todo esto. Ayúdame a no desanimarme. Sé que aun esta desilusión viene a través de tu mano amorosa, porque soy tu hijo. Igual que mis padres humanos tuvieron que decirme que no en algunos momentos, para que pudiera aprender, tú también estás haciendo lo que es mejor para mí. Lo estás haciendo para que pueda parecerme más a ti, para que pueda participar de tu santidad. Señor, esto no es nada divertido. De hecho, ¡duele muchísimo! Pero creo que, ciertamente, más adelante en el camino voy a segar una cosecha de paz y justicia de esta desilusión que estoy experimentando hoy. (Hebreos 12.5–11)

Jesús, ayúdame a ver la alegría escondida
en esta desilusión. Sé que esta prueba de
mi fe me ayudará a desarrollar la capacidad
de perseverar, y esto, a su vez, me ayudará a
crecer en ti y llegar a ser íntegro y completo,
sin que me falte nada. (Santiago 1.2–4)

Dios, yo no soy el único en sentirse
desilusionado. Cuando busco en la Biblia,
encuentro a muchas personas que anhelaron
algo y luego terminaron desilusionadas.
Abraham, Moisés, David, los profetas,
todos descubrieron que la desilusión
es solo temporal. Lo que ahora parece
una pérdida desde mi perspectiva, algún
día será revelado como simplemente el
siguiente paso hacia la obra maravillosa
que estuviste haciendo todo el tiempo.

Querido Jesús, cada vez que me aferro
a circunstancias o personas como mi
única fuente de felicidad, estoy destinado
a terminar desilusionado. En lugar
de esto, ayúdame a confiar en ti.

Señor, ahora entiendo que cuando llego al
punto en el que no me queda nada, excepto tú,
finalmente comprendo que tú eres suficiente.
Todas mis preguntas no serán contestadas en
esta vida. Es posible que mis circunstancias no
mejoren. Es posible que tenga que abandonar
algunas cosas en las que he invertido mi
corazón. Pero nada de eso importa. Tú eres la
fuerza de mi corazón y mi porción para siempre.

Falta de sinceridad

Yo soy el camino, la verdad y la vida; nadie
puede ir al Padre si no es por medio de mí.
JUAN 14.6 NTV

Como seguidores de Cristo, debemos caminar en la verdad (3 Juan 3), amar la verdad y creer la verdad (2 Tesalonicenses 2.10, 12). Debemos hablar la verdad en amor (Efesios 4.32). Cristo vino a nosotros lleno de gracia y verdad (Juan 1.14), pero fue aún más lejos: nos dijo que él *es* la verdad personificada, la verdad encarnada. Tenemos que amar la verdad porque es Jesús. Debemos apegarnos a ella y seguirla porque es la manera en la que seguimos a nuestro Señor. Si somos los representantes de Cristo, entonces la gente que nos rodea debe saber que siempre hablamos la verdad.

Amante Señor, detesto admitir esto, pero a veces se me hace difícil ser sincero. Pequeñas mentiras salen de mi boca con mucha facilidad. Ni siquiera pienso en ellas con antelación. Me digo que no importan mucho. Después de todo, no estoy mintiendo sobre cosas *grandes*. Solo miento sobre cosas triviales, para hacer mi vida más fácil, para que la incomodidad sea más llevadera, para hacer las cosas a mi manera sin enojar a nadie. Señor Jesús, recuérdame que tú eres la verdad. Enséñame que la mentira lastima a tu Espíritu. Ayúdame a amar la verdad.

Padre, a veces no solo les miento a otros con mis palabras; sino que me miento a mí mismo en mis pensamientos. Me critico injustamente. O, voy al otro extremo, y me excuso muy fácilmente. Escondo las verdades desagradables donde no tenga que verlas. Dios, revela la verdad en mi interior. Dame el valor para ser sincero hasta conmigo mismo.

Señor, ayúdame a no mentirle a nadie. En
cambio, dame la fortaleza para deshacerme
de mi vieja naturaleza con sus antiguas
costumbres y que pueda vestirme con
la nueva naturaleza que me pides llevar.
Renueva en mí la imagen de mi Creador, para
convertirme en la persona que siempre has
deseado que yo sea. (Colosenses 3.9–10)

Recuérdame, Señor, que si no soy sincero en los
detalles pequeños, también me faltará sinceridad
en los grandes. Ayúdame a ser fiel en lo poco,
para que la gente pueda contar con que seré fiel
en todo lo importante en la vida. (Lucas 16.10)

Espíritu Santo, guíame a la verdad. Ayúdame
a actuar en la verdad y a mantenerme en
la verdad (Juan 3.21; 8.44). Permite que
el cinturón de la verdad ciña mi armadura
espiritual (Efesios 6.14), y me proteja siempre.

Dios, sé que nunca mientes, porque tú eres
el Dios de verdad. Puedo confiar en que
siempre serás sincero conmigo. Tú siempre
cumples tus promesas. Pero tu Hijo dijo
que Satanás era un «mentiroso y el padre
de la mentira». Recuérdame siempre que
cuando hablo la verdad, estoy hablando el
idioma de tu Hijo, pero cuando miento o
engaño a otros de cualquier forma, estoy
hablando el idioma de mi enemigo.

Desconfianza

Confiaré en él y no temeré.
ISAÍAS 12.2 NVI

La confianza es vital para nuestra salud sicológica. Aprendimos a confiar primero gracias al cuidado amoroso de nuestros padres cuando éramos bebés. Ese nivel de confianza básico fue el fundamento sobre el que se construyeron todas nuestras relaciones humanas. Esto también nos capacita para confiar en Dios.

Sin embargo, en ocasiones los padres no les enseñan a sus hijos cómo confiar. Si nuestros padres nos lastimaron, es posible que no seamos capaces de confiar en otras personas, incluyendo a Dios. O tal vez un amigo cercano o nuestro cónyuge dañó nuestro sentido de confianza más adelante en la vida. Cuando alguien importante en nuestras vidas nos defrauda, aprendemos a desconfiar de los demás. Hasta se nos hace difícil confiar en Dios. Nos mantenemos constantemente a la defensiva, tratando de protegernos para que no nos lastimen otra vez.

Dios quiere sanar nuestra desconfianza. Él sabe que nunca podremos alcanzar la plenitud hasta que podamos confiar en él. Nunca tendremos intimidad —ni siquiera con Dios— hasta que aprendamos a confiar, una vez más.

Dios, mi confianza está hecha añicos.
Mi desconfianza es una herida al acecho
en lo más profundo de mi corazón. Por
fuera, parece que todo está bien. Puedo
reírme y pasarla bien. Hasta puedo
llegar a amar. Pero no puedo confiar.
Señor, limpia hasta lo más profundo
de mi corazón. Ayúdame a confiar.

Dios, quiero confiar en ti. Pero no puedo.
Quiero entregarte el control de mi vida.
Pero no importa cuántas veces pronuncie
las palabras, nunca las puedo cumplir. Me
siento atrapado. Soy incapaz de cambiar.
Señor, sé que tú puedes hacer lo imposible. Te
ruego que hagas un milagro en mi corazón.

Señor, sigo repitiendo que te amo. Pero ahora me doy cuenta de que el amor y la confianza van tomados de la mano. No puedo amarte realmente hasta que confíe en ti. Y sin confianza, nunca experimentaré completamente tu amor por mí.

Querido Dios, cuando leo la Biblia puedo ver que no soy el único que ha tenido este problema. La confianza fue muy difícil también para muchos grandes héroes de la Biblia. Jonás, por ejemplo, terminó dentro de un pez enorme porque no confió en tus instrucciones. Padre, gracias por nunca abandonarme, aun cuando no he confiado en ti. Aun cuando yo mismo pueda encontrarme dentro del «pez enorme» de la vida, tú estás justo ahí conmigo. Y tal como hiciste con Jonás, me das otra oportunidad.

Dios, fuiste tú quien comenzó la buena
obra en mí (Filipenses 1.6), y sé que no
vas a abandonarme ahora. Me ayudarás
a crecer en tu gracia... hasta que aprenda
a confiar absolutamente en ti.

Señor, confío en ti.
Pero ayúdame a confiar aún más.

Divorcio/Separación

Oh Señor, Dios de Israel, no hay Dios como tú en los cielos ni en la tierra. Tú cumples tu pacto y muestras amor inagotable a quienes andan delante de ti de todo corazón.

2 Crónicas 6.14 ntv

Cuando falla un matrimonio, duele mucho. Aun si la relación estaba dañada y no era saludable, el rompimiento final siempre es doloroso. Nos enfrenta con la pérdida de nuestros sueños y esperanzas. Nos llena de desilusión y tristeza. Y, encima de todo esto, nos hace enfrentar nuevas ansiedades y deberes. Nuestras rutinas y responsabilidades han sido desestabilizadas y reorganizadas. Nuestras relaciones con los demás —hijos, familia extendida, amistades, miembros de la iglesia— pueden haber sido sacudidas también. Es posible que sintamos vergüenza y resentimiento, junto con nuestra pena y dolor. El futuro que deseábamos se ha ido, y no sabemos qué debemos desear ahora.

Todo lo que podemos hacer es volvernos a Dios. En medio de lo que parece ser uno de los mayores fracasos en nuestras vidas, él está ahí. No nos ha abandonado. Él todavía tiene planes para nuestras vidas. Y su amor por nosotros jamás se agota.

Querido Jesús, siento tantas cosas al mismo tiempo. Estoy enojado y triste, extenuado y frustrado, confundido y aliviado. Hay días en los que no siento nada, solo adormecimiento. Otros días, me abruma la ansiedad sobre el futuro. Y entonces están los días en los que no puedo parar de llorar. Gracias, porque sin importar cómo me sienta, siempre estás a mi lado. Tú me entiendes aun cuando no puedo entenderme a mí mismo.

Mi Padre celestial, gracias por tu paciencia conmigo durante este tiempo. Simplemente no parece que puedo llegar hasta mis estándares normales en este momento. No puedo hacer tanto. Me faltan las energías. Siento que no soy muy útil ni para ti ni para tu reino. Señor, permíteme algún día ser útil otra vez. Pero mientras tanto, me dejo caer en tus brazos. ¡Por favor no me dejes caer!

Querido Jesús, no quiero tragarme mi coraje
y mi dolor para que no causen estragos en
mi interior, pero tampoco quiero sentirme
atrapado en ellos. He revisitado mi pasado
muchísimas veces, y he examinando cada error
y cada herida desde todas las perspectivas
posibles. Ayúdame a entender cuándo ha
llegado el momento de soltar todo y proseguir
hacia lo que sea que tienes para mí ahora.

Dios creador, a veces siento que mi futuro
murió con mi matrimonio. Me siento
culpable de siquiera desear reemplazar
aquellos sueños antiguos con unos nuevos.
Ayúdame a confiar en ti. Ayúdame a creer
que todavía tienes sueños para mi vida.

Señor, no sé cómo dar un paso adelante. Creo que necesito ayuda. Muéstrame hacia dónde ir. Dame el discernimiento para reconocer si necesito hablar con algún amigo sabio, o si necesito ayuda profesional para que me ayude a lidiar con esto. Guíame a la persona correcta, esa que brillará con tu luz sobre mi vida.

Señor, hoy me siento angustiado... angustia por la pérdida de compañía en mi vida, por la muerte de muchas esperanzas, por las promesas rotas, y por los planes que nunca se harán realidad. El dolor que siento me asusta. Temo que nunca podré recuperarme de esta herida. Dame el valor para llorar por mi matrimonio. Dame la fortaleza para colocarlo en tus manos, y dejarlo allí. Dame esperanza otra vez. Te ruego que sanes mi corazón.

Duda

En seguida Jesús le tendió la mano y, sujetándolo,
lo reprendió: —¡Hombre de poca fe! ¿Por qué dudaste?
MATEO 14.31 NVI

Pedro estaba caminando sobre la superficie del agua, con sus ojos fijos en Jesús, y le iba muy bien. De repente, se dio cuenta de lo que estaba haciendo. Vio las olas debajo de sus pies y supo que lo que estaba haciendo era *imposible*. Instantáneamente, sus pies se hundieron en el agua. Pedro supo que se ahogaría.

Pero Jesús no lo permitiría. Nuestro Señor alcanzó a su buen amigo y lo salvó. Y él hace lo mismo con nosotros, una y otra vez, cada vez que la duda nos atrapa y comenzamos a hundirnos en las profundidades de la vida. «¿Por qué dudas de mí?», nos pregunta. «¿Acaso he dejado que te hundas *alguna vez*?».

Jesús, no puedo evitar identificarme con Pedro, y también con Tomás. Quiero *prueba* de que cumplirás las promesas que me has hecho, que eres quién dices ser, que me ayudarás a hacer cosas que parecen imposibles. Perdóname por dudar de ti.

Señor, lléname de tu sabiduría; la sabiduría que es imparcial y sincera, la que no vacila ni duda (Santiago 3.17).

Espíritu Santo, oro por la certeza de lo que se espera, la convicción de lo que no se ve. Por la fe, entiendo que Dios creó el universo por su palabra, de modo que el mundo invisible fue hecho de cosas que no pueden verse. Sé que por la fe, Abel te ofreció el sacrificio que tú deseabas, mientras que Caín, por su falta de fe, no lo hizo. Debido a la fe de Abel, todavía escucho su voz hablándome en las Escrituras. Debido a la fe de Enoc, te lo llevaste contigo, sin tener que experimentar la muerte. Si Noé se hubiera llenado de dudas, jamás habría construido el arca. Abraham y Sara, Isaac y Jacob tuvieron sus dudas; sin embargo, todos te las entregaron y caminaron en fe, haciendo lo imposible. Señor, ayúdame a hacer lo mismo. (Hebreos 11.1–12)

Cristo amado, gracias por tu Cuerpo. Gracias porque los que son fuertes en tu Cuerpo ayudan a cargarme cuando yo soy débil. Cuando me abruman las dudas, me apoyo en su fe. Dame la fuerza, algún día, para hacer lo mismo por otra persona.

Dios, sabes que todavía tengo dudas. Sin embargo, a pesar de mis dudas, afirmo que ni la vida ni la muerte, ni los ángeles ni ningún otro poder espiritual, ni lo alto ni lo profundo, ni nada que pueda traer el futuro... de hecho, ¡nada en absoluto podrá separarme de tu amor! (Romanos 8.38–39)

Abuso de drogas

¿Acaso no saben que su cuerpo es templo del Espíritu Santo,
quien está en ustedes y al que han recibido de parte de
Dios? Ustedes no son sus propios dueños; fueron comprados
por un precio. Por tanto, honren con su cuerpo a Dios.
1 Corintios 6.19–20 NVI

Nuestros cuerpos son santuario del Espíritu Santo. Hemos escuchado esto muchísimas veces, pero rara vez pensamos en lo que realmente quiere decir. ¡El Espíritu de Dios vive dentro de nosotros! Él ha escogido nuestra carne y hueso como el lugar en el que él resplandece. Y no solo eso... Dios murió en la cruz para que nada se interponga ante el Espíritu de Dios en nuestro interior.

Cuando consideramos todo esto, ¿por qué querríamos hacer algo que opaque la luz del Espíritu? El abuso de drogas es peligroso para nuestros cuerpos y nuestros espíritus. Dios desea que ambos resplandezcan con su luz.

Señor, mantenme atento y alerta. Sé que el enemigo de mi alma merodea como león rugiente, esperando para devorarme. Creo que si logro mantenerme firme, tú me restaurarás y me fortalecerás. (1 Pedro 5.8–11)

Dios, ¡yo sé que no eres petulante! No creas reglas solo por el mero hecho de crearlas. En realidad, puedo decir como el apóstol Pablo: «Se me permite hacer cualquier cosa» (1 Corintios 6.12 NTV). Pero aunque todo me es permitido, no todo es productivo ni útil. Me niego a permitir que algo me esclavice.

Jesús, me llamaste a la libertad. No quiero usar esa libertad para algo que me lleve lejos de ti. En lugar de esto, ayúdame a siempre usar tu libertad para servir a otros. (Gálatas 5.13)

Dios creador, tú quieres que yo sea la «sal» de este mundo. Me has llamado a ser luz. La drogadicción le roba el sabor a la sal. Derriba mi luz de su repisa y luego la cubre con un cajón, para que nadie pueda verla. ¡Dios, hazme realmente «salado»! Permite que mi luz brille de modo que todos puedan verla. Glorifícate en mí. No permitas que nada se interponga en esto. (Mateo 5.13–16)

Señor, me entrego a ti. Ayúdame a hacer lo mejor posible para ser un obrero que no necesite avergonzarse de nada, alguien que haga un buen trabajo interpretando tu verdad (2 Timoteo 2.15). ¡Me resisto a que las drogas se interpongan en tu camino!

Dios, no permitas que el pecado reine en mi carne, en forma de las drogas o cualquier otra cosa. No quiero obedecer a nada que se relacione con el pecado. No quiero que mi cuerpo sea usado por nada que no sea tu justicia. Me entrego a ti; de hecho, te entrego todo mi cuerpo para que lo uses como tu instrumento. No quiero que el pecado tenga dominio sobre mí, pues sé que tu gracia es mía. (Romanos 6.12–14)

Señor amante, crea en mí un espíritu limpio y renueva en mí un espíritu firme. (Salmos 51.10)

Relaciones disfuncionales

Nadie me acompañó. Todos me abandonaron ...
Pero el Señor estuvo a mi lado y me dio fuerzas.
2 TIMOTEO 4.16–17 NTV

Es muy difícil lidiar con las relaciones que están rotas. Seguimos anhelando que algún día las cosas cambien. Que a pesar de la manera en que siempre ha ocurrido en el pasado, *esta vez* los resultados sean distintos.

Nosotros tenemos nuestro propio papel en estas relaciones disfuncionales. Tal vez somos facilitadores, según lo llaman los consejeros, y les permitimos a los individuos involucrados que sigan haciendo cosas que lastiman. O tal vez quedamos atrapados en las peleas y los insultos, en las conversaciones inútiles y los hábitos nocivos.

Sin embargo, Dios desea sanar nuestra vida entera, incluyendo nuestras relaciones. Es muy probable que esta sanidad no ocurra de la noche a la mañana, pero Dios puede hacer cosas maravillosas. ¡Un milagro que tome tiempo sigue siendo un milagro!

Dios creador, me enfoco con frecuencia en
la forma en que deseo que otros cambien.
Oro por ellos, los molesto, los sermoneo,
les suplico, intento manipularlos. A fin
de cuentas, nada de esto funciona.
Señor, en lugar de esto, muéstrame como *yo*
necesito cambiar. Me pongo en tus manos.
Estoy dispuesto a dejarte hacer lo que sea
necesario para sanar mis relaciones.

Señor amante, crea en mí un espíritu limpio y
renueva en mí un espíritu firme. (Salmos 51.10)

Padre amado, el separar un tiempo para
mí me hace sentir egoísta y culpable.
Anhelo escapar, pero me asusta lo que
voy a encontrar cuando regreso.
Recuérdame que no soy útil para nadie si no me
cuido a mí mismo. Dame el valor para establecer
límites que protejan mi propio bienestar.

Jesús, necesito ayuda. Ya no puedo lidiar por mí mismo con esta relación. Necesito un consejero, un amigo, un grupo de apoyo... ¡algo! Alguien que entienda por lo que estoy pasando, alguien que pueda darme consejo. Te suplico que me ayudes a encontrar a la persona correcta; a alguien que me revele tu luz y tu sabiduría.

Padres ancianos

Escucha a tu padre, que te engendró, y no
desprecies a tu madre cuando sea anciana.
PROVERBIOS 23.22 NVI

La Biblia establece claramente que tenemos una deuda de amor y responsabilidad con nuestros padres a medida que ellos envejecen. Es posible que no siempre sea una deuda fácil de pagar. Después de todo, nuestras vidas ya están muy ocupadas, repletas de responsabilidades con la familia y el hogar, el trabajo y la comunidad. Las necesidades de nuestros padres rara vez llegan en un momento que es conveniente para nosotros. En lugar de esto, la época en la que más ocupados estamos con nuestras propias familias y vidas, tratando lo mejor posible de hacer malabares con todas las exigencias de la vida, es justo el momento en el que posiblemente nuestros padres necesiten más nuestro tiempo y atención.

Sin embargo, también puede sorprendernos cómo, a medida que nuestros padres envejecen, nuestra nueva relación con ellos también tiene sus recompensas. Nuestros padres no son demasiado ancianos para ofrecernos amor y consejo, si podemos abrirles nuestro corazón. Dios nos bendecirá a través de ellos... ¡y algunas veces en maneras inesperadas!

Señor amante, oro para que estés con mis padres. Sé que has estado con ellos aún antes de que yo naciera. Estuviste con ellos cuando eran bebés, y estás con ellos ahora que son ancianos. Te ruego que sigas protegiéndolos. Tú los creaste, y siempre estarás con ellos. (Isaías 46.3–4)

Dios, úsame para bendecir a mis padres. Y permíteme ser receptivo a la bendición que llega a mí a través de ellos.

Jesús, tú —que viniste a nosotros directo desde el Padre— estuviste dispuesto a servirnos. ¡Y hasta lavaste los pies de tus discípulos! Dame la capacidad y la disposición para ahora seguir tu ejemplo y servir a mis padres, en cualquier manera que ellos me necesiten. Muéstrame que aun si ellos necesitan que les ayude a vestirse, bañarse o ir al baño, tu Espíritu puede ser glorificado, y yo también seré bendecido en nuevas maneras.

Padre celestial, permite que mis padres florezcan como palmeras plantadas en tu casa. Que todavía puedan dar frutos, aun cuando ya sean ancianos. Dales un espíritu que siempre se sienta joven y se mantenga creciendo. (Salmos 92.12–14)

Dios, dame oídos para escuchar la sabiduría de mis padres, aun cuando se esconda detrás de la enfermedad o la demencia. Permíteme honrarles con amor, de la misma manera en que ellos me han honrado. Permíteme devolverles de la riqueza que ellos me dieron cuando yo era joven. Llena su vejez de gozo y paz.

Señor, tú sabes lo ocupado que estoy. Se me hace difícil lidiar con las exigencias de mi vida. Muéstrame cuáles deben ser mis prioridades. Dame la sabiduría para entender cómo ayudar a mis padres según envejecen.

Enemigos

Han oído la ley que dice: «Ama a tu prójimo» y odia a tu enemigo. Pero yo digo: ¡ama a tus enemigos! ¡Ora por los que te persiguen! De esa manera, estarás actuando como verdadero hijo de tu Padre que está en el cielo. Pues él da la luz de su sol tanto a los malos como a los buenos y envía la lluvia sobre los justos y los injustos por igual. Si sólo amas a quienes te aman, ¿qué recompensa hay por eso? . . . Si eres amable sólo con tus amigos, ¿en qué te diferencias de cualquier otro? Hasta los paganos hacen lo mismo. Pero tú debes ser perfecto, así como tu Padre en el cielo es perfecto.

MATEO 5.43–48 NTV

A veces, los cristianos ignoran lo que Jesús dice aquí. Nos convertimos en enemigos de las personas que no aprobamos, la gente que no está de acuerdo con lo que creemos, que tienen política diferente, valores distintos, agendas diferentes. Tal vez negamos que los tratemos como enemigos, ¿pero acaso actuamos como si los amáramos? ¿Oramos por ellos? Y si oramos por ellos, ¿acaso estamos orando solo para que cambien sus mentes y piensen como nosotros, o realmente estamos orando para que Dios les bendiga, de cualquier manera?

Jesús nos dice que no podemos ser seguidores maduros; de hecho, ni siquiera podemos reconocer la identidad que Dios nos ha dado, si no comenzamos a tratar a todo el mundo —incluyendo a nuestros enemigos— con la misma gracia y generosidad que Dios nos ha mostrado a nosotros.

Querido Jesús, ayúdanos a siempre seguir tu ejemplo. Permite que no busque vengarme de aquellos que me han herido. Recuérdame que si busco venganza, solo estoy multiplicando la maldad en este mundo. En lugar de esto, ayúdame a amar.

Señor, bendice a esa persona que me lastimó tanto. Haz bien en su vida. Permanece con la persona que está en desacuerdo conmigo. Trae bendiciones a su vida. Te ruego que tu amor resplandezca en sus vidas.

Espíritu Santo, lléname de tu amor. Ayúdame
a no solo amarte a ti, sino también a todos
los seres que has creado. Enséñame a no
ser tan sensible a los desprecios e insultos.
Ayúdame a enfocarme siempre en lo que
es bueno para los demás, en lugar de mí
mismo. Ayúdame a amar como tú amas.

Dios, sabes el coraje que siento ahora mismo
hacia esta persona. Muéstrame su perspectiva.
Conoces lo herido que me siento. Revélame
las maneras en que yo le he lastimado.
Sabes que estoy lleno de odio.
Transforma mi odio en amor.

Señor, si solo trato bien a quienes están de acuerdo conmigo, son amables y me aman, entonces no le estoy mostrando tu amor al mundo. Ayúdame a amar a los que no están de acuerdo conmigo, no son amables y están llenos de odio. Úsame para esparcir tu paz y tu amor alrededor del mundo.

Dios, ayúdame a estar dispuesto a abrir mi corazón a las personas que no me agradan. Convierte a mis enemigos en amigos. Tú tienes el poder para transformar todas las relaciones. Haz lo que parece imposible. Trae armonía y amistad a mi mundo.

Jesús, tú trataste a tus enemigos con amor y respeto. Ayúdame a seguir tu ejemplo. No permitas que me venza el mal, sino que por el contrario, por el poder de tu Espíritu pueda vencer el mal con el bien. (Romanos 12.21)

Cara a cara ante la muerte

Bien hecho, mi buen siervo fiel. ...
¡Ven a celebrar conmigo!
MATEO 25.21 NTV

Le tememos a lo desconocido, y la muerte es lo más desconocido que existe. Como cristianos, decimos que creemos en la resurrección de los muertos, pero en lo profundo de nuestros corazones, nos preguntamos qué significa esto. Mientras más nos acercamos a la muerte, más difícil se nos hace aferrarnos a nuestra confianza en la vida eterna. Y cuando la muerte nos comienza a respirar en el cuello —a medida que envejecemos o experimentamos una enfermedad terminal— nos vemos obligados a enfrentar cara a cara nuestras dudas. ¿Existe realmente algo después de la muerte? ¿O todo lo que somos deja de existir tan pronto cesa nuestra respiración?

La Biblia nos asegura que la muerte física no es el final. Jesús vino a esta tierra para eliminar nuestros temores. Él nos ha prometido que va a preparar un lugar para nosotros en la vida por venir, y cuando muramos, escucharemos su voz dándonos la bienvenida a una celebración eterna.

Dios, estoy tratando de aceptar lo que se avecina. Pero tengo que admitirte, ¡que la muerte no es mi amiga! Eso no es lo que deseo. No se siente natural. Se siente mal. Me alegra saber que tu Hijo sintió lo mismo ante ella. Él oró por librarse de la muerte, si era posible. Y también me alegra que la Biblia se refiera a la muerte como el «último enemigo». Me alegra saber que tú y yo estamos de acuerdo en esto. La muerte *no* es natural. No era tu intención. Me creaste para vivir para siempre. Y gracias a Jesús, así será.

Jesús, permanece con mis seres amados, que dejo atrás. Los confío a tu cuidado. Estoy seguro que tú estarás con ellos aun cuando no pueda yo estarlo.

Señor, me siento muy solo. No quiero agobiar a mis seres amados con mis sentimientos. Sé que ellos, a su manera, están lidiando con mi muerte, que se acerca. Ellos no pueden ayudarme con lo que enfrento. Estoy completamente solo en esto. Gracias por estar a mi lado. Estoy contando contigo como nunca antes.

Jesús, aun cuando estoy caminando por el valle de sombra de muerte, no tengo miedo. Sé que tú estás conmigo. Tú me proteges y me consuelas. Aderezas mesa delante de mí, un lugar donde puedo sentarme y alimentarme, aun cuando estoy encarando la muerte. Tu bondad y misericordia me siguen dondequiera que voy, y sé que viviré para siempre contigo. (Salmos 23.4–6)

Señor, toda mi vida he visto un reflejo vago de ti en un espejo oscuro, y solo he captado imágenes borrosas de quién eres. Sin embargo, muy pronto te veré cara a cara, con perfecta claridad. Te conoceré completamente, tal como me conoces tú a mí. (1 Corintios 13.12)

Jesús, cuando leo sobre tu muerte en la cruz, puedo entender que pasaste por mucho de lo que yo estoy experimentando ahora. Te sentiste solo y abandonado. Te preguntaste dónde estaba Dios. Sentiste el dolor y el horror de la muerte. Y, sin embargo, en medio de todo esto, seguiste confiando en tu Padre. Colocaste tu espíritu en sus manos. Dios, quiero seguir el ejemplo de tu Hijo. Entrego mi espíritu en tus manos.

Jesús, soportaste la muerte porque tenías tu mirada puesta en el gozo venidero (Hebreos 12.2). Permíteme echar un vistazo de ese mismo gozo. Que sea ese mi enfoque, aun en medio del dolor y el temor.

Fracaso

¿Acaso hay algo que pueda separarnos del amor de Cristo? ¿Será que él ya no nos ama si tenemos problemas o aflicciones, si somos perseguidos o pasamos hambre o estamos en la miseria o en peligro o bajo amenaza de muerte? Claro que no, a pesar de todas estas cosas, nuestra victoria es absoluta por medio de Cristo, quien nos amó.

ROMANOS 8.35, 37 NTV

Todos deseamos ser exitosos. Se han escrito muchísimos libros sobre el tema, y cada uno nos ofrece otra fórmula secreta que nos garantiza que el éxito será nuestro. Pero la realidad es esta: todos experimentamos fracasos. Theodore Roosevelt dijo en una ocasión algo como esto: «La única persona que nunca comete un error —que nunca experimenta el fracaso— es la persona que nunca intenta nada».

Aun los grandes héroes de nuestra fe cristiana experimentaron su dosis de fracaso. Abraham y Moisés, Elías y David, Pedro y Pablo... todos descubrieron lo que es cometer errores serios. Pero Dios usó aun sus fracasos para llevarlos al lugar donde él quería llevarlos.

Y él hará lo mismo por nosotros. No importan las veces que fallemos, su amor nunca falla. Y aún en medio de nuestros fracasos, podemos encontrar victoria en Cristo.

Señor amante, sabes que anhelo alcanzar el éxito. Quiero vivir una vida cristiana victoriosa. Quiero agradarte. Quiero impresionar a otros con mi fe. Quiero ser la persona que tenías en mente cuando me creaste. Sé que mis intenciones se confunden, pero quiero seguirte sinceramente.

Sin embargo, fracaso una y otra vez. Te decepciono. Decepciono a otros. Me decepciono a mí mismo.

Enséñame, Señor, a encontrarte aún en medio del fracaso. Permite que jamás deje de extender mis brazos hacia ti, para que puedas ayudarme a ponerme en pie otra vez. Gracias porque tu gracia nunca falla.

Jesús, a veces siento tanto miedo a fracasar
que decido no hacer nada. Ni siquiera me
atrevo a intentar algo nuevo por miedo a
no tener éxito. Mi miedo me paraliza.
Jesucristo, te ruego que me libres de mi
temor. Recuérdame que no debo tomarme
muy en serio. Ayúdame a entender que
el mundo no se acabará si fracaso en
algo. Permite que sienta alegría por el
esfuerzo, sin importar los resultados.

Señor, aunque mis esfuerzos fracasan
con frecuencia, ayúdame a recordar
que *yo* jamás soy un fracaso. Mi valor
proviene de ti, y por eso estoy seguro.

Dios, Abraham te falló cuando huyó a Egipto
durante la sequía. Moisés perdió los estribos
y recurrió a la violencia en más de una
ocasión. David cometió adulterio y asesinato.
Pedro negó a tu Hijo. Y aún así, usaste a
todas estas personas que te fallaron tanto.
Úsame a mí también.

Ayúdame a aprender de mis fracasos, amante
Señor. Úsalos para ayudarme a crecer.

Recuérdame, Jesús, que a veces lo que el mundo
considera un fracaso para nada lo es al mirarlo
desde la perspectiva de la eternidad. Después
de todo, tus discípulos debieron haber pensado
que tu muerte en la cruz había sido el mayor
fracaso de todos. Y, sin embargo, lo que parecía
un fracaso trajo nueva vida a toda la creación.

Discordias familiares

Se levantará el Sol de Justicia con sanidad
en sus alas. [Y] saldrán libres.

MALAQUÍAS 4.2 NTV

¿Te asustan las reuniones familiares? ¿Son los días feriados ocasiones para el conflicto? ¿Acaso las viejas peleas de familia estropean lo que deberían ser ocasiones felices de celebración en familia?

Y aquí no estamos hablando de peleas entre familias *distintas*; nos referimos a peleas internas, a las que se dan entre tías y tíos, entre hermanos y hermanas, o entre abuelos e hijos. Estos son conflictos serios que continúan un año tras otro. Tal vez se esconden debajo de la superficie, y revientan inesperadamente ante un asunto sencillo. O quizás se expresan en un silencio frío que no parece tener fin. Tal vez quisieras que todo el mundo madurara. O quizás tú eres parte del conflicto.

Dios anhela incorporar su amor a la vida de tu familia. Su Espíritu está esperando para filtrarse entre las grietas del coraje, y rociar los sentimientos heridos con sanidad, para poco a poco traer una vida nueva a lo que ha estado quebrantado por tanto tiempo. ¿Abrirías tu corazón para que comience el proceso? Dios anhela sanarte y liberarte.

Querido Padre, todo el mundo está clamando por paz... paz entre las naciones y paz en los hogares. Nosotros también anhelamos paz en nuestra familia, el tipo de paz que viene de caminar al paso entre nosotros y contigo. Ayúdanos a aprender las leyes de la paz y cómo fomentar la armonía en nuestra familia a través de la Palabra.

Señor, trae paz a nuestra familia. Sana nuestras viejas heridas. Construye puentes entre nosotros. Permite que podamos encontrar la manera de amarnos otra vez.

Dios, cuando leo el Antiguo Testamento puedo ver que conoces todo lo relacionado a familias imperfectas. Jacob e Isaac conspiraron para ganar el favor de su padre. Los hermanos de José lo vendieron como esclavo. El propio hijo de David tramó un plan para matarlo. Sin embargo, usaste a estas familias quebrantadas. Generaciones innumerables han aprendido de ti a raíz de sus historias, y de su descendencia, nació tu Hijo. Padre, oro para que uses también a mi familia, a pesar de sus defectos. Derrama tu gracia sobre nosotros. Transfórmanos.

Jesús, ¿cómo puedo amar a estas personas que me han lastimado tan profundamente? Ni siquiera quiero verles la cara, así que ni hablemos de perdonarlas. Sin embargo, me pides que ame a mis enemigos, que bendiga a quienes me maldicen. Dame la fuerza y el valor para obedecerte.

Señor, quiero que seas más importante para mí que cualquier otra persona. ¡Que pueda encontrar mi valía solo en ti! Cuando eres todo para mí, entonces las acciones de mi familia ya no importan tanto. Y cuando ya no necesito del amor ni de la aceptación de ellos para saber cuánto valgo, finalmente tengo la libertad para perdonarles.

Estrés en la familia

Oh afligida, azotada por la tempestad, sin consuelo, he aquí, yo asentaré tus piedras en antimonio, y tus cimientos en zafiros.

ISAÍAS 54.11 LBLA

La vida familiar está llena de estrés: relaciones, responsabilidades en conflicto, agendas ocupadas... todo esto contribuye a la tensión que a veces se intensifica en nuestros hogares. Cuando llega algo fuera de lo ordinario —una muerte en la familia, un incendio, la pérdida de empleo, una enfermedad grave— el estrés puede aumentar hasta alcanzar niveles insoportables.

No obstante, el estrés también puede fortalecer a nuestras familias. Cuando encontramos maneras de enfrentar juntos estos retos, nos acercamos más los unos a los otros. Cuando superamos una crisis, podemos dar gracias a Dios por haber guiado a nuestra familia a través de la tormenta. Él está edificando un cimiento sólido para el futuro de nuestra familia.

Señor, permite que hasta las tareas del hogar nos unan de una nueva manera. Danos alegría y risas mientras lavamos los platos o la ropa, sacamos la basura o mapeamos el piso de la cocina. Permite que aprendamos a disfrutar de nuestro tiempo juntos.

Dios, con nuestras agendas tan ajetreadas, tú sabes lo difícil que se nos hace hasta sentarnos juntos a cenar. Ayúdanos a separar el tiempo para compartir una cena por lo menos una vez a la semana. Acércanos al sentarnos a la mesa. Permite que al compartir la comida, también aprendamos a compartir nuestras vidas.

Padre, tú sabes cuánto estrés hay en nuestra familia. Recuérdanos que debemos alejarnos de vez en cuando de la prisa y el ajetreo solo para relajarnos juntos. Danos intereses comunes que nos unan más. Permite que estemos dispuestos a explorar juntos nuevas actividades. Te ruego que nos bendigas, ¡y que nuestra vida familiar sea más divertida!

Dios, cuando se vive con tanto corre y corre, es muy difícil tener la energía para tratar con los problemas que surgen en nuestra vida familiar. No permitas que vivamos en tanto ajetreo como para no compartir nuestros corazones ni escucharnos los unos a los otros. Ayúdanos a encontrar juntos las soluciones para nuestros problemas familiares.

Amante Padre, sabes que a veces los «problemas de adultos» en nuestra familia parecen opacar los de los niños. Recuérdanos, Señor, que la muerte de un pececito o la tarea del colegio puede ser tan estresante para los miembros más jóvenes de la familia como los retos profesionales y las preocupaciones financieras de los adultos.

Jesús, ayúdanos a no culparnos unos a otros por el estrés que enfrentamos. En lugar de esto, permite que podamos trabajar juntos y ayudarnos los unos a los otros.

Dios amado, danos la perspectiva para ver qué puede cambiar de nuestra situación familiar. Revélanos los hábitos perjudiciales que nos mantienen constantemente estresados, y danos el valor y la determinación para romper juntos esos hábitos. Fortalécenos para superar las circunstancias que no podemos cambiar y encontrar maneras creativas para vivir con ellas.

Señor, ayuda a nuestra familia a orar la oración de la serenidad: «Dios, dame la serenidad para aceptar las cosas que no puedo cambiar; valor para cambiar las cosas que sí puedo; y sabiduría para conocer la diferencia entre ambas».

Miedo

Dios es nuestro amparo y nuestra fortaleza, nuestra
ayuda segura en momentos de angustia. Por eso,
no temeremos aunque se desmorone la tierra y las
montañas se hundan en el fondo del mar.

SALMOS 46.1–2 NVI

El miedo es una reacción biológica normal y saludable que nos alerta de peligro. Lamentablemente, en nuestras vidas, el miedo y el peligro no siempre van de la mano. En lugar de esto, el miedo puede existir de forma independiente. Cuando esto ocurre, el miedo se torna destructivo y paralizante. Como dijo Franklin D. Roosevelt: «A lo único que tenemos que temerle es al miedo en sí mismo».

Cuando nos volvemos esclavos del miedo, Dios tiene la llave para liberarnos. Cuando la vida parece amenazante, llena de peligros desconocidos (y posiblemente imaginarios), él será nuestro refugio. El Señor siempre está presente. En él, siempre podemos estar seguros.

Señor, tú eres mi luz y mi salvación. ¿A quién temeré? Tú eres la fortaleza de mi vida. ¿Quién podrá amedrentarme? Cuando mis enemigos emocionales me ataquen, ellos tropezarán y caerán. Aunque todo un ejército de miedos se levante contra mí, mi corazón no temerá. Aun en medio de una guerra, mantendré mi confianza en ti, porque solo una cosa te pido: que pueda habitar en tu casa todos los días de mi vida, contemplando tu belleza. Pues yo sé que en tiempo de aflicción, tú me guardarás en tu morada. Me protegerás en un escondite secreto dentro de tu tabernáculo; me pondrás sobre una roca alta, donde estaré seguro y prevaleceré sobre los enemigos que me rodean. Y es por esto, Señor, ¡canto a ti con alegría! (Salmos 27.1–6)

Gracias, Jesús, por darme tu paz. Sé que tu paz
no se parece a nada que pueda ofrecerme este
mundo. Porque tú no permitirás que mi corazón
se confunda ni que tenga miedo. (Juan 14.27)

Porque tú, Señor, no me has dado un espíritu
que me esclavice al miedo. En lugar de
esto, tu Espíritu me ha adoptado. Y ahora,
siempre que sienta miedo, puedo clamar:
«¡Papito querido!». (Romanos 8.15)

Señor, como eres mi luz y mi salvación, ¿a quién temeré? Eres mi fortaleza, entonces, ¿qué podrá causarme miedo? (Salmos 27.1)

Señor, tú estás conmigo, así que no temeré. ¿Qué pueden hacerme los seres humanos cuando te tengo a ti? (Salmos 118.6)

Dios, tú no me diste un espíritu de timidez, sino un espíritu de poder, de amor y de dominio propio. (2 Timoteo 1.7)

Problemas económicos

Así que mi Dios les proveerá de todo lo que necesiten,
conforme a las gloriosas riquezas que tiene en Cristo Jesús.
FILIPENSES 4.19 NVI

Dios usa nuestras necesidades económicas para acercarnos más a él. El Señor no nos ha prometido que seremos ricos, ni tampoco exige que seamos pobres. En cambio, él desea que simplemente confiemos en él, cualquiera sean nuestras finanzas. Aun en medio de estrés financiero, Dios nos ofrece la prosperidad y la abundancia de su gracia. Él ha prometido suplir cada una de nuestras necesidades.

Señor, ¿por qué me preocupo por tener suficiente dinero para comprar la ropa que necesito? Recuérdame que las flores del campo no trabajan ni hacen nada, y aún así tú las vistes gloriosamente. Si vistes la hierba, que vive por tan corto tiempo, ¡recuérdame que sin duda alguna me vestirás a mí! Ayúdame a no preocuparme por mis finanzas. Cuando diga: «¿Qué vamos a comer?», o «¿cómo voy a comprar lo que necesitamos beber?», o «¿tendremos suficiente dinero para comprar ropa?», asegúrame que ya sabes que necesito estas cosas. Dame la fortaleza para buscar primeramente tu reino, y dejar mis finanzas en tus manos. (Mateo 6.28–33)

Querido Jesús, ayúdame a cumplir tus mandamientos. Aun cuando tenga necesidades financieras, permite que siga dando a otros, sabiendo que me lo devolverás... en medida llena, apretada, sacudida y desbordante. Tienes suficiente para mí, pero suplirás mis necesidades usando la misma medida que yo uso para dar a otros. (Lucas 6.38)

Dios, no permitas que siembre a cuenta gotas. Por el contrario, muéstrame cómo esparcir semillas por doquier, para que así pueda también cosechar abundantemente. Permite que dé a otros de buena gana, con entusiasmo y sin resentimiento. No importa cómo estén mis finanzas, sé que tu gracia será suficiente. Tú me darás todo lo que necesito para dar a los demás. (2 Corintios 9.6–8)

Enséñame, Jesús, a contentarme sin importar la situación financiera en la que me encuentre. Enséñame a poco y a tener más que suficiente. En toda y en cada una de las circunstancias financieras, enséñame el secreto para vivir con el estómago lleno o vacío, en abundancia o en escasez. Creo que tú suplirás para cada una de mis necesidades conforme a tus riquezas en gloria. (Filipenses 4.11–13, 19)

Dios, gracias porque tengo la certeza de que puedo pedirte cualquier cosa, sabiendo que tú me escuchas. Y como me escuchas, me responderás (1 Juan 5.14). Padre, te entrego mis finanzas. Traigo a ti todas mis preocupaciones. Confío en que te encargarás de todo.

Ejecución de hipoteca

—Las zorras tienen madrigueras y las aves tienen nidos —le respondió Jesús—, pero el Hijo del hombre no tiene dónde recostar la cabeza.

LUCAS 9.58 NVI

Nuestra casa es una parte importante de nuestra identidad. Nos ofrece seguridad y comodidad. Cuando la perdemos, nos sentimos a la deriva y asustados. La pérdida es más que un simple problema financiero; nos pega justo en el corazón. Nos parece posible que nos obliguen a entregar algo que es tan íntimamente nuestro. ¡Aun las aves tienen nidos y las zorras tienen madrigueras que pueden llamar hogar!

Jesús sabía lo que era no tener una casa. Una vez llegó a la adultez, ya no tuvo una casa propia. Él entiende cómo se siente la gente que tiene que entregar su casa. Él les acompaña en este momento. Y les extiende sus brazos, anhelando ofrecerles el refugio de su amor.

Señor, permíteme ser un buen oyente para las personas que están pasando por el dolor de una ejecución de hipoteca. No quiero juzgar ni ser impaciente. Dame la sabiduría para ofrecerles buenos consejos. Ayúdame a estar dispuesto para ayudar en cualquier manera que sea posible, aun cuando incluya abrir las puertas de mi propia casa.

Dios, nuestra economía es muy complicada. Recuérdanos que nuestros errores se mezclan con los errores de muchos otros. No podemos desenredar lo que ya está hecho. Ayúdanos a enfocarnos en el futuro. Permite que aprendamos del pasado, según nos seguimos moviendo hacia delante. Danos la sabiduría para planificar cuidadosamente para lo que sea que se avecine.

Señor, estoy muy confundido. ¡Tengo que hacer tantas gestiones legales y financieras! Muéstrame dónde buscar el consejo que necesito para salir de esto.

Padre, recuérdanos que nuestra familia es más que una casa. Danos lugares donde podamos estar juntos y sentirnos seguros. Quédate con cada uno de nosotros, especialmente con los más pequeñines, mientras luchamos para atravesar este momento tan difícil.

Dios creador, en este momento, sé tú nuestro hogar. Permítenos entender de una manera diferente que tú eres verdaderamente todo lo que necesitamos para sentirnos seguros.

Jesús, estoy afligido por la pérdida de nuestra casa. Recuérdame que está bien que atraviese por todas las etapas del dolor, y que tú estarás conmigo en cada una de ellas. Mientras grito: «¡Esto no me puede estar pasando a mí!», estás aquí. Cuando siento coraje contra el mundo, tú esperas pacientemente a mi lado. Cuando intento negociar contigo, prometiéndote que seré una mejor persona si tan solo me permites conservar mi casa, tu paciencia nunca vacila. Cuando me hundo en la depresión, me extiendes tus brazos. Y un día, me levantarás hasta alcanzar la aceptación. Y solo entonces, estaré listo para lo que sea que tengas preparado para mí.

Avaricia

Y luego dijo: «¡Tengan cuidado con toda clase de avaricia! La vida no se mide por cuánto tienen».

Hemos oído con frecuencia que el dinero es la raíz de todos los males. Sin embargo, la realidad es que la Biblia dice que *el amor* al dinero es la raíz del mal (1 Timoteo 6.10). En otras palabras, es la avaricia la que nos mete en problemas. El dinero, en sí mismo, es solo una herramienta útil, que puede usarse tanto para el bien como para el mal.

Sin embargo, la avaricia es la urgencia de tener más y más de algo, ya sea dinero o comida o posesiones. La persona avara está demasiado atada a las cosas de este mundo. Y como resultado, el avaro con frecuencia sufre de ansiedad y tiene miedo de perder lo que ya tiene.

No obstante, la persona generosa es realmente libre. Puede abrir sus manos y tomar todo lo bueno que Dios trae a su vida. Y con la misma facilidad puede abrir sus manos y soltarlas. Siente gozo en compartir y perder lo que tiene no le preocupa. Las personas generosas saben que Dios tiene para dar en abundancia y que su gracia nunca se agota.

Amantísimo Señor, recuérdame que cuando soy avaro y codicioso, con frecuencia otra persona paga el precio. Mi abundancia puede despojar a otros de lo que realmente necesitan. Ayúdame a vivir con menos para que otros puedan tener suficiente. Enséñame a compartir.

Jesús, muéstrame mi avaricia. Ayúdame a reconocer mis verdaderas prioridades. Permíteme ver dónde estoy gastando demasiado. Muéstrame las cosas sin las que puedo vivir. Ayúdame a resistir las voces constantes que me llegan a través de los anuncios y la publicidad, que me dicen que necesito *más*. Crea en mí un corazón generoso.

Señor, ¿para qué me sirven las riquezas si no las uso para ayudar a otros?

Muéstrame, Dios, que la avaricia me agobia. No me hace feliz. En cambio, cuando la avaricia controla mi corazón, nunca me siento satisfecho. Nada es suficiente. No puedo disfrutar lo que tengo porque estoy enfocado en lo que *no* tengo.

Padre celestial, permíteme deleitarme en las cosas que de verdad son las más importantes, las cosas que no se pueden acumular… como la risa de un niño, la presencia de un amigo o un hermoso atardecer.

Señor, recuérdame que mi valor propio no depende de lo que tengo. Por el contrario, ayúdame a ver que la avaricia se interpone entre tú y yo, entre los demás y yo, y hasta mí mismo y mi verdadero ser.

Ayúdame, Cristo Jesús, a hacer morir en mí todo lo que me aleja de ti. Destruye mi avaricia, porque cuando soy avaro, estoy adorando dioses falsos. Permíteme adorarte solo a ti. (Colosenses 3.5)

Sentido de impotencia

*En cambio, el recaudador de impuestos, que se había
quedado a cierta distancia, ni siquiera se atrevía a alzar
la vista al cielo, sino que se golpeaba el pecho y decía:
«¡Oh Dios, ten compasión de mí, que soy pecador!».*

LUCAS 18.13 NVI

Todos hemos escuchado la expresión: «Dios ayuda a
quienes se ayudan a sí mismos». Y aunque tal vez hay
algo de verdad en el dicho (Dios no quiere que te que-
des sentado esperando un milagro cuando él ya ha
puesto en tus manos los medios para alcanzar algo), lo
opuesto también es cierto: Dios ayuda a aquellos que se
sienten impotentes.

Mira al recaudador de impuestos que ni siquiera in-
tentó probar su valor propio. Él simplemente se quedó
parado a la distancia y se lanzó a la misericordia de Dios.
Alcohólicos Anónimos enseña que una persona está lista
para cambiar solo cuando toca fondo y finalmente reconoce su impotencia.

En la época de Jesús, los fariseos no se veían a sí mismos como personas impotentes. Confiaban en su rectitud, y en sus capacidades para salvarse a sí mismos. Pero
Jesús dijo: «Dichosos los pobres en espíritu, porque el reino de los cielos les pertenece» (Mateo 5.3). Cuando nos
sentimos impotentes —cuando dejamos de depender en
nuestras propias fuerzas— entonces Dios puede comenzar a actuar en nuestra vida.

Señor, ayúdame a reconocer la diferencia
entre aceptar que necesito tu ayuda y usar
una impotencia falsa para manipular a los
demás. Muéstrame todo lo que ya me has
dado y dame la perspectiva para usarlo.

Señor Jesús, algunas veces me siento impotente.
En realidad, estoy simplemente subestimando
las capacidades que me has dado. Concédeme
la fuerza y la confianza para convertirme
en la persona que tú quieres que yo sea.

Dios, te necesito. No puedo manejar
mi vida por mí mismo.

Señor, tú prometes darme todo lo que
necesito. Mi ayuda viene de ti.

Padre, a veces me siento impotente para
cambiar en la manera en que otros me perciben.
Gracias porque tú siempre crees en mí.

Dios, dame una humildad saludable que dependa de tu fuerza para mi ayuda y refugio. Sin embargo, no permitas que mi sentido de impotencia se base en las mentiras que me digo a mí mismo. Cuando me escuche decir palabras como: «No hay manera en que pueda salir de este enredo... no tiene solución», o «La vida no ha sido justa conmigo, entonces, ¿para qué seguir tratando?», o «A nadie le importa, entonces, ¿qué más da si me rindo también?», recuérdame que estas palabras no son ciertas. Dame el valor que se fundamenta en la confianza de tus fuerzas.

Pecado oculto

La gente juzga por las apariencias,
pero el SEÑOR mira el corazón.

1 SAMUEL 16.7 NTV

Si pecado es cualquier cosa que se interponga entre Dios y nosotros, entonces simplemente nos estamos engañando si creemos que tiene algún sentido enterrar nuestros pecados donde nadie pueda verlos. El pecado oculto sigue interponiéndose en nuestra relación con Dios. Cuando lo escondemos, tal vez pensamos que hemos engañado a otras personas, y hasta a nosotros mismos. Pero no engañamos a Dios.

En el Nuevo Testamento, Pablo aclara que nuestros pensamientos ocultos son tan serios y dañinos como nuestras conductas externas. Él quiere que seamos personas íntegras y plenas, sin que la oscuridad infecte nuestro interior. Él sabe que, a fin de cuentas, somos nosotros los que más nos lastimamos con estos secretos vergonzosos.

Señor, tu Palabra me dice que llegará un día en el que juzgarás los secretos de cada corazón (Romanos 2.16). Juzgarás toda obra, todo lo oculto, ya sea bueno o malo (Eclesiastés 12.14). En los Evangelios, dijiste que todo lo encubierto será revelado, y todo lo escondido saldrá a la luz. Las cosas que pensé que había dicho cuando estaba solo, serán proclamadas desde las azoteas (Lucas 12.2–3). ¡Qué vergüenza! Señor, dame el valor para traer mi pecado a la luz de tu Espíritu.

Dios, este pecado oculto consume mi corazón. No me permite sentir paz. Ayúdame a entregártelo a ti.

Jesús, muéstrame los pecados que oculto
hasta a mí mismo. Revélame los hábitos de
pensamiento enfermizos a los que me aferro.
Recuérdame que si alimento mi odio hacia otra
persona, soy culpable de asesinato espiritual.
Y si permito que mis pensamientos lujuriosos
se conviertan en una obsesión, entonces
estoy cometiendo la esencia del adulterio.

Enséñame, Señor, a no ser deshonesto
conmigo mismo ni contigo. Examina
mi corazón y revela lo que hay en él. No
permitas que haya secretos entre nosotros.

Señor, entiendo que cuando actúo como si fuera una persona buena y recta, y a la misma vez estoy ocultando mis pecados, también soy culpable de hipocresía. La hipocresía se levanta como una muralla alrededor de mi corazón, manteniendo a los demás —y a ti— fuera de él.

Jesús, llamaste a la hipocresía la «levadura de los fariseos» (Lucas 12.1). Es algo que se fermenta en mi interior. Crece, se duplica y me llena, igual que la levadura. Te ruego que la quites de mí. Limpia mi corazón.

Dios, me miro en el espejo de tu Palabra. Revélame cualquier cosa que se interponga entre nosotros.

Desesperanza

*Porque yo sé muy bien los planes que tengo para ustedes
—afirma el Señor—, planes de bienestar y no de
calamidad, a fin de darles un futuro y una esperanza.*

JEREMÍAS 29.11 NVI

Solemos pensar en la esperanza como una perspectiva
optimista y alegre hacia la vida. Sin embargo, el con-
cepto bíblico de la esperanza es mucho más grande y
profundo. Es la confianza y la expectativa en lo que
Dios hará en el futuro, y la certeza de que el mismo
Dios que estuvo con nosotros en el pasado, estará con
nosotros mañana.

Cuando surge la desesperanza, esta confianza de-
saparece. Sentimos como si el futuro estuviera vacío y
fuera estéril. Sin embargo, la desesperanza es siempre
una mentira, ¡porque nuestro Dios tiene planes grandes
para nosotros! No importa lo difícil que sea el camino, él
siempre nos dirige hacia su presencia.

Señor, ¿por qué me deprimo? ¿Por qué renuncio a mi paz? Ayúdame a esperar en ti, sabiendo que pronto te alabaré por todo lo que has hecho. Eres tú quien me hará sonreír otra vez. Tú eres mi Dios. (Salmos 43.5)

Señor, en ti pongo mi esperanza porque tu amor es inagotable. (Salmos 130.7)

Gracias, Dios, por tener planes para mí... planes para bendecirme y prosperarme. Sé que no siempre tus planes son iguales a los míos. Pero tú sabes lo que depara el futuro y confío en ti.

Jesús, tú prometiste que nunca me abandonarías ni me dejarías. Gracias a ti, tengo esperanza. Y sé que esta esperanza jamás me dejará en vergüenza.

Señor, ¡clamé a ti desde mi angustia y tú me respondiste! Cuando me estaba ahogando, rodeado por un océano de desesperanza, con olas pasando sobre mi cabeza, pensé que ya no le estabas prestando atención a mi vida. Sentí como si estuviera a punto de ser destruido. Estaba seguro de que mi vida había llegado a su fin. Pero tú, Señor, me rescataste del pozo de la desesperación. Escuchaste mi oración, aun cuando pensaba que me estaba desmayando espiritualmente. Señor, ayúdame a no poner mi confianza en nada ni en nadie, solo en ti. Y cuando lo haga, rindo mi esperanza a tu amor inconmovible.

¡Mi salvación viene de ti! (Jonás 2.2–7)

Infertilidad

Ana, con una profunda angustia, lloraba
amargamente mientras oraba al Señor, e hizo
el siguiente voto: «Oh Señor de los Ejércitos
Celestiales, si miras mi dolor y contestas mi oración
y me das un hijo, entonces te lo devolveré».

1 Samuel 1:10, 11 ntv

Cuando no puedes salir embarazada, de pronto parece que todas las mujeres a tu alrededor están esperando un bebé. Por todas partes hay recordatorios de algo que anhelas con todo tu corazón, pero que no puedes lograr. Desde anuncios de pañales hasta las preguntas irreflexivas de personas cuestionando cuándo vas a comenzar tu familia, te sientes bombardeada por tu insuficiencia. Tal vez sientes como si no valieras nada, como si no fueras suficiente. Aun en esta época de derechos de la mujer, quizás todavía pienses que tu valor, humanidad y consumación como mujer dependen de que tengas hijos.

Dios quiere que entiendas que esto es una mentira. El anhelo de tener hijos es perfectamente natural. Pero cuando nos obsesionamos con cualquier deseo —sin importar lo bueno que pueda ser— lo convertimos en un dios. Nuestro valor no depende de nuestra capacidad para hacer nada. Viene de Dios... y podemos confiar que él va a satisfacer los anhelos más profundos de nuestros corazones en la forma que es mejor para nosotros.

Señor, estoy tratando de aceptar lo que sea que tú quieras para mi vida. Pero es muy difícil. Tú sabes lo mucho que anhelo tener un hijo. Ayúdame a entregarte este anhelo.

Dios, yo sé que puedes obrar milagros. Obra en mí. Obra en mi cuerpo. Me entrego a ti.

Señor, ayuda a mi esposo también. No permitas que nuestro anhelo por tener un hijo nos separe. Danos paciencia para lidiar con nuestras perspectivas distintas. Sea que tengamos un hijo o no, permite que nuestro matrimonio sea siempre fructífero.

Oh Señor, te estoy buscando. Tú prometiste que me responderías y me librarías de todos mis temores. Sabes cuánto temo el que nunca pueda llegar a ser madre, así que, al enfrentar mi temor, reclamo esta promesa para mí. Te alabo porque sé que estás conmigo, porque no tengo necesidad de sentirme desalentada ni preocupada por ninguno de los problemas de infertilidad que pueda encontrar en el futuro. Gracias por ser mi fuerza y mi ayuda. Trae paz a mi corazón angustiado y sostenme con tu diestra victoriosa. (Salmos 34.4; Isaías 41.10; Juan 14.27)

Dios, me siento muy frustrada y enojada porque no puedo salir embarazada. Te ruego que calmes mi corazón con tu amor, porque tu amor es paciente y bondadoso, y no se enoja fácilmente. Ayúdame a ser lenta para hablar y para airarme cuando tengo que lidiar con mi esposo, mis familiares, mis amistades, o mi doctor. Señor, transforma mi coraje en algo creativo; en algo que pueda ser usado para tu gloria.

Dios, estoy luchando contra la envidia y los celos cuando veo a otras mujeres embarazadas y escucho sobre nuevos bebés en las vidas de otras familias. Enséñame a no comparar mi vida con otras. Libérame de la amargura que vive en mi interior, para que así pueda regocijarme por la vida nueva que envías a este mundo.

Cada mes, Señor, me lleno nuevamente de esperanza... y luego, cada mes, mis esperanzas se hacen trizas otra vez. ¡Estoy tan cansada de esperar! No sé cómo seguir adelante. Dirígeme, amante Señor. Esclarece el camino delante de mí.

Padre celestial, tú pusiste en mi corazón este anhelo de ser madre. Tú has prometido conceder los deseos de mi corazón, así que te confío a ti este deseo. Creo que aún si no satisfaces mis deseos en la manera que espero, nunca olvidarás ni ignorarás las peticiones del corazón. Me deleitaré en ti y confiaré en tu amor. (Salmos 37.4)

Injusticia

Dios quiere que ustedes sean justos los unos con los otros.
MIQUEAS 6.8 TLA

¿Sabías que en los Evangelios, Jesús habla más acerca de la justicia hacia los pobres que lo que dice sobre la violencia o la inmoralidad sexual? De hecho, una décima parte de todos los versículos en los cuatro Evangelios tiene alguna relación con los pobres.

Vivimos en un mundo de injusticia. Una tercera parte de todos los niños en las naciones desarrolladas del mundo sufre por malnutrición. Casi tres millones de niños mueren de hambre cada año. Esto no es justo. Y a Dios le importa.

Él quiere que nos importe a nosotros también. Dios no quiere que ignoremos la injusticia en el mundo. Él quiere que la enfrentemos... y luchemos contra ella.

Señor, tú nos dices: «Sean imparciales y justos. ¡Hagan lo que es correcto! Ayuden a quienes han sufrido robos ... No maltraten a los extranjeros, ni a los huérfanos ni a las viudas. ¡Dejen de matar al inocente!» (Jeremías 22.3). Dame el valor y la fe para luchar contra la injusticia dondequiera que la vea.

Señor, cuando el mundo me parezca demasiado injusto, recuérdame que yo te traté de la misma manera. Permite que no me enfoque en mí. Muéstrame las maneras de ayudar a otros que se encuentran en situaciones peores que la mía.

Dios, tú me llamas a compartir lo que tengo con aquellos que tienen menos que yo (Proverbios 22.16). Me pides que sea bondadoso con los forasteros, con aquellos que son extranjeros en nuestra tierra (Éxodo 22.21). Me recuerdas que trate con respeto a los que, aparentemente, están en una posición social más baja que la mía (Job 31.13–14).

Padre, enséñame a practicar justicia hasta en las áreas más insignificantes de mi vida. Revélame la verdad de mis acciones. Ayúdame a entender que las decisiones que tomo afectan las vidas de otros.

Señor, cuando el mundo me trate injustamente,
recuérdame lo que tú soportaste.

Jesús, dame tu actitud. Que piense menos en
lo que merezco, y más en lo que merece la
otra persona. Muéstrame cómo presentar la
otra mejilla cuando me han lastimado (Mateo
5.39). Ayúdame a seguir tu ejemplo siempre.
Recuérdame que la venganza nunca es justicia.

Insomnio

Dios concede el sueño a sus amados.
SALMOS 127.2 NVI

Padecer de insomnio puede ser un problema terrible. Provoca que nos sintamos cansados y malhumorados. Y cuando estamos cansados, somos más propensos a sentirnos ansiosos o deprimidos, nos enojamos con más facilidad, y somos menos pacientes. Se convierte en un círculo vicioso: mientras más tensos y molestos nos sentimos, menos podemos dormir; mientras menos dormimos, más tensos y molestos nos sentimos...

Es posible que hasta tengamos miedo de irnos a la cama porque no queremos enfrentar la frustración de acostarnos y no poder dormir. La ansiedad nos abruma. Nos sentimos incapaces.

Pero Dios está con nosotros, aun cuando permanezcamos despiertos noche tras noche. Él siente compasión en nuestro insomnio. Su amor nunca deja de ser.

Padre, hoy te entrego mi insomnio. Si permanezco despierto toda la noche, entonces está bien. Me quedaré cómodo aquí en mi cama, descansando en tu presencia. Someto a ti mis pensamientos. Habito en tu paz y me refugio en tu presencia. Ayúdame a parecerme al apóstol Pablo, capaz de alegrarse cualquiera fueran las circunstancias... ¡incluyendo el insomnio!

Querido Dios, tú sabes cuánto me hace sufrir mi insomnio. He orado pidiendo ayuda y sanidad, pero no pareces escucharme. Enseña a mi espíritu a estar quieto en los momentos tranquilos durante la noche cuando no puedo dormir. Recuérdame usar este tiempo para orar.

Padre amante, llena mi corazón con tu paz esta noche. Permíteme descansar en tu presencia.

Queridísimo Dios, mientras estoy acostado aquí en mi cama, permíteme sentir el eco de la respiración de tu Espíritu acompañando mi propia respiración. Que la paz de tu presencia me cubra como una frazada. Permite que pueda recordar todo lo que has hecho por mí a lo largo de los años. Ayúdame a descansar.

Señor, llévate las preocupaciones que me agobian mientras permanezco despierto. A medida que la ansiedad se asoma en mis pensamientos, ayúdame a entregártela a ti.

Pérdida de empleo

La riqueza ... que es fruto del arduo
trabajo, aumenta con el tiempo.
PROVERBIOS 13.11 NTV

Perder un empleo es una experiencia dolorosa. Nuestros empleos nos ofrecen estatus y seguridad. Sin ellos, nuestra identidad parece menos segura, y hasta con menos valor. Nos abruma la ansiedad con respecto al futuro. Ahora que esta calamidad nos ha tocado a la puerta, tememos que se avecinen cosas peores. ¿Cómo voy a poder pagar mis cuentas? ¿Perderemos nuestra casa? ¿Y qué si termino sin casa y en la calle?

Sin embargo, Dios está con nosotros en estas circunstancias, de la misma forma en que siempre lo ha estado. Él nos pide ser pacientes. Él nos asegura que si estamos dispuestos a trabajar con ahínco, otra vez alcanzaremos la seguridad financiera. Y él nos promete que todavía sigue obrando en nuestras vidas.

Señor, tú sabes que no esperaba este tiempo
de desempleo. Pero, aún así, permíteme usarlo
para crecer y descansar, y ser útil a otros.
Ayúdame a usar este tiempo sabiamente.

Padre, dame la sabiduría para administrar
mis finanzas. Muéstrame cómo ajustar mi
estilo de vida a estas nuevas circunstancias.
Recuérdame que lo que realmente
necesito para ser feliz es tu presencia.

Querido Señor, oro para que me dirijas a un
nuevo empleo. Muéstrame dónde buscarlo. Te
doy gracias por las nuevas personas y las nuevas
oportunidades que encontraré en mi futuro.

Jesús, no sé dónde más buscar ayuda. Trae
personas a mi vida que estén dispuestas y
puedan dirigirme. ¡Enséñame a establecer
una red de relaciones significativas!

Señor, ¿acaso tengo algunas destrezas que he
ignorado hasta ahora? ¿Hay algo nuevo que
deseas que esté dispuesto a hacer? Permite
que esta sea una oportunidad para crecer.

Padre, gracias por tener un plan para mí.
Aun cuando no pueda ver cuál es,
dirígeme en cada paso del camino.

Dios, toma mis manos, y úsalas en cualquier
trabajo que tú desees que yo haga.
Dios, toma mis pies, y dirígeme a las ofertas
de empleo donde tú quieres que solicite.
Dios, toma mi voz, y durante cada entrevista,
dame las palabras que tú quieres que diga.
Dios, toma mis ojos, y muéstrame
dónde buscar las oportunidades de
empleo que tú quieres que vea.
Dios, toma mi alma, y lléname con tu
Espíritu de una forma nueva, durante
este periodo de desempleo.
Dios, toma mi vida, y ya sea que tenga
empleo o esté desempleado, úsame
para los propósitos de tu corazón.

Estrés en el empleo

Trabajen de buena gana en todo lo que hagan,
como si fuera para el Señor y no para la gente.
COLOSENSES 3.23 NTV

Con frecuencia, nuestros empleos son la fuente de mucho estrés en nuestra vida. Fechas de entrega estrictas, muchas responsabilidades, conflictos con los compañeros de trabajo y los supervisores... todo esto puede provocar mucha tensión. Sin embargo, es muy probable que pasemos cerca de la mitad de nuestra vida en nuestros lugares de empleo, así que necesitamos encontrar alegría y satisfacción, en vez de estrés y ansiedad.

Podemos aprender a sentir la presencia de Dios con nosotros mientras trabajamos. Aun en medio de nuestros días más ajetreados, necesitamos separar tiempo para susurrar una oración o pasar un tiempo a solas con nuestro Señor.

Dios, dirígeme hoy. Permite que pueda servirte en mi empleo. Gracias por la oportunidad de hacer este trabajo. Permíteme hacerlo para ti y desinteresadamente.

Señor Jesús, cuando llego a mi trabajo, traigo conmigo tu presencia. Permíteme comunicar tu paz y tu gracia a todas las personas con las que interactúe hoy. Reconozco tu señorío sobre todo lo que diré y haré hoy.

Permanece a mi lado en todas mis
interacciones durante el día de hoy. Permite
que otros te vean a través de mí.

Gracias, amado Señor, por los dones que
me has regalado. Ayúdame a usarlos bien y
responsablemente mientras llevo a cabo mi
trabajo el día de hoy. Unge mi creatividad,
mis ideas, mi energía, para que así, hasta las
tareas más simples traigan tu luz al mundo.

Padre celestial, gracias por mi empleo. Permite que el trabajo que hago siempre me rete y me inspire. Aun en medio del estrés, aun en los días cuando fallo, permíteme ver más allá de mis sentimientos y que pueda verte a ti... y más allá de ti, que pueda ver a un mundo que necesita mis esfuerzos, sin importar lo insignificantes que puedan parecer. Dame la voluntad y la fuerza para trabajar hoy con mucho ahínco. Permíteme encontrar alegría en mis esfuerzos, y sobre todo, que siempre pueda agradarte.

Padre, cuando me confunda en mi trabajo, guíame. Cuando esté cansado, dame energía. Cuando me sienta agotado, que la luz de tu Espíritu Santo resplandezca sobre mí.

Demandas

*Tú hablarás a él, y pondrás en su boca las
palabras, y yo estaré con tu boca y con la suya,
y os enseñaré lo que hayáis de hacer.*
ÉXODO 4.15 RVR1960

Las demandas judiciales se han convertido en algo común y corriente en nuestro mundo de hoy. Esto no es
necesariamente algo malo. Ciertamente es mejor resolver un problema en la corte, que recurrir a la violencia.
No queremos regresar a los tiempos del Viejo Oeste,
¡donde gobernaba la pistola más rápida! Sin embargo, sí es lamentable que hoy día tantos conflictos no
se puedan solucionar tratando de que todo el mundo
ceda un poco.

Cuando alguien radica una demanda en contra nuestra, es una situación muy estresante. Sentimos miedo y
coraje. Es difícil saber qué medidas debemos tomar.

Sin embargo, ¡Dios estará con nosotros! Él nos dará
las palabras que debemos decir, y también estará con la
otra parte, con la persona que nos está llevando a la corte.
Su Espíritu Santo no toma partidos, y siempre obra por
la paz.

Señor, al enfrentar esta batalla legal, me visto con tu justicia, integridad y amor. Gracias porque siempre estás conmigo. Ayúdame a ser honesto, conmigo mismo y con aquellos que me están llevando a la corte. Muéstrame si tengo la culpa de algo. Libérame del coraje, el odio y el deseo de venganza.

Señor Jesús, te pido que prevalezca la verdad. Protégeme de quienes calumnian contra mí. Dame la certeza de que tú eres mi defensor. Permite que tu Espíritu me dé las palabras correctas que debo decir.

Padre, aún ahora, dame la disposición para perdonar (tal como tú me has perdonado). Muéstranos si existe alguna otra opción para resolver este conflicto.

Jesús, tú nos dijiste que resolviéramos
rápidamente las diferencias con
nuestros acusadores, de camino al juicio
(Mateo 5.25). Te ruego que abras la
puerta de la paz en esta situación.

Condúceme al consejero legal apropiado,
Padre celestial. Permite que mi abogado
me ofrezca el consejo que viene de ti.

Dios amante, tú prometes no odiarme cuando otros me acusan. Que no esconderás tu rostro de mí. Que escucharás mi clamor. (Salmos 22.24)

¡Ayúdame, Señor! Tú sabes lo asustado que estoy ante esta visita en la corte. Tu Palabra me dice que tú eres justo y que eres mi defensor. Permíteme confiar en ti. Pelea mi causa. Líbrame de esta crisis. Sé mi roca de refugio, mi castillo fuerte en medio de todo esto. ¡Ve delante de mí y pelea esta batalla por mí!

Hijos pródigos

El Señor mismo instruirá a todos tus
hijos, y grande será su bienestar.
ISAÍAS 54.13 NVI

Hay pocas cosas que duelan tanto como los hijos que se desvían del buen camino. Queremos ir tras ellos y traerlos de vuelta a casa, y sin embargo, tenemos que respetar sus decisiones. Anhelamos cuidar de ellos y protegerlos, tal como hicimos cuando eran pequeños, pero ya están más allá de nuestra protección. Nos sentimos impotentes.

No obstante, ni siquiera cuando nuestros hijos eran pequeños, eran realmente nuestros. Siempre les han pertenecido a Dios. Sus manos les sostuvieron. Solo él les mantuvo seguros. Y nada de esto ha cambiado. Aún ahora, si tenemos que sentarnos y ver cómo nuestros hijos van de cabeza hacia el peligro, podemos confiarlos al amor de Dios. Él les está enseñando. Él los está protegiendo. En medio de lo que luce como caos y confusión, Dios está allí, conduciendo a nuestros hijos a su paz.

Padre, mi corazón está hecho trizas. Sé que
entiendes porque a ti también se te debe
destrozar el corazón cuando ves que tus hijos
escogen los caminos que les conducen al
quebranto y al dolor. Señor, te ruego que sanes
a mis hijos. Tráelos de vuelta a tus caminos.
Te los entregué cuando eran pequeños...
y ahora te los entrego una vez más.

¿Señor, cómo tengo yo la culpa? Busco
respuestas en el pasado. Agonizo antes
mis errores innumerables. Anhelo dar
marcha atrás y rehacer algunos momentos
de mi vida. ¡Lamento mucho las ocasiones
en las que les fallé a mis hijos!
Sin embargo, Padre, sé que solo tú eres
perfecto. Obra en las vidas de mis hijos,
a pesar de mis fracasos. Usa aun mis
errores para acercarles más a ti.

Jesús, en la historia que narraste sobre el hijo pródigo, el padre tuvo el amor y el valor para dejar ir a su hijo. Te ruego que me des la fortaleza para hacer lo mismo. Recuérdame que no debo sermonear ni molestar. Permite que no juzgue. Dame la gracia para mantener mi boca cerrada... y mi corazón abierto.

Señor, ¡me siento tan incapaz de hacer algo para ayudar a mi hijo! Recuérdame que la oración no es mi último recurso. Siempre es lo *más* importante. Permite que nunca me canse de orar por mi hijo.

Dios, afirmo que tú conoces cuál es la necesidad
de mis hijos. Los entrego a ti. El camino que
han escogido me parece equivocado. Pero
ese es un asunto entre ellos y tú. Confiaré
en tu Espíritu Santo para que obre en sus
vidas y sus corazones, y los lleve a la verdad.
No importa cuántas veces se me olvide,
¡recuérdame una y otra vez que debo echarme
a un lado y darte espacio a ti para obrar!

Padre, dame paciencia para esperar. ¡Quiero
que la situación de mis hijos cambie *ahora*!
Anhelo que todo «vuelva a la normalidad».
Reconozco que a veces presiono a mis
hijos para que se muevan más rápido en
la dirección que quisiera que fueran.
Ayúdame a confiar en que tú conoces
el tiempo perfecto para sus vidas.

Enfermedad

El SEÑOR lo confortará cuando esté enfermo;
lo alentará en el lecho del dolor.

SALMOS 41.3 NVI

¡A nadie le gusta estar enfermo! Pero todos, en un momento u otro, pasamos por esta experiencia. Cuando la enfermedad nos obliga a reducir la marcha en la vida, a retirarnos al pequeño mundo de nuestra cama, Dios está allí con nosotros. Él nos sostendrá y nos restaurará. ¡Y hasta es posible que quiera enseñarnos algo durante este tiempo de enfermedad!

Padre, ¡tengo tanto que hacer! ¿Cómo puedo sacar tiempo para enfermarme? Señor, necesito tu mano sanadora. Renueva mis fuerzas... físicas, emocionales y espirituales.

Jesús, en los Evangelios, tú sanaste a todo el que pidió tu ayuda. Te lo ruego en este momento: ¡por favor, permite que mejore pronto!

Señor, quédate conmigo, aquí en este cuarto silencioso. Permite que no me canse de escuchar lo que tú tienes que decirme.

Queridísimo Señor, sana a mi ser querido que
está enfermo hoy. Tú has prometido redimir
nuestras vidas de la destrucción, por esto te
pido ahora que corones a esta persona con tus
misericordias y favores (Salmos 103.4). Gracias
porque siempre escuchas nuestras oraciones.

Dios, sé que toda circunstancia nos puede
llevar a ti, incluyendo la enfermedad.
Te ruego que uses este tiempo de
dolor y enfermedad para tu gloria.

Señor, te bendigo con toda mi alma.
Nunca olvidaré todo lo que has hecho por
mí. Me has perdonado, me has redimido
y me sanarás. (Salmos 103.2–3)

Jesús, ¡estoy enfermo otra vez! Me siento
tan frustrado con mi cuerpo. Señor, ¿estás
tratando de decirme algo? Ayúdame a
examinar mi vida mientras durante este
tiempo que estoy en cama. ¿Acaso mi
estilo de vida me está enfermando? ¿Hay
algo que tú quieres que cambie?

Cirugías

No tengas miedo, porque yo estoy contigo; no te
desalientes, porque yo soy tu Dios. Te daré fuerzas y te
ayudaré; te sostendré con mi mano derecha victoriosa.

ISAÍAS 41.10 TLA

Con frecuencia, cuando tenemos que someternos a alguna cirugía, nuestros corazones sienten temor. Estos procedimientos nos obligan a reconocer que no tenemos control sobre nuestras vidas. Tenemos que rendirnos ante nuestros médicos, y confiarles los resultados a ellos... y a Dios. Nos sometemos a la anestesia, sin saber con qué nos encontraremos al despertar. Luce como una muerte pequeña, ¡una aventura a un lugar oscuro y desconocido!

Pero las manos de Dios son seguras. Él nos sostiene con firmeza. Él nunca nos va a dejar caer, ni en esta vida ni en la venidera.

Señor, pongo hoy mi cuerpo en tus manos. Guía a los profesionales de la salud que trabajarán en mi cuerpo. Dale las destrezas y la sabiduría, manos seguras y mentes alertas. Úsalos para restaurar mi salud y que así seas tú glorificado.

Jesús, dame el valor para repetir las palabras que pronunciaste en la cruz: en tus manos, encomiendo mi espíritu.

Dios de todo poder y autoridad, te ruego
que guíes las manos del cirujano. Permite
que mi cuerpo responda rápidamente a este
tratamiento. Te ruego que me devuelvas la
salud para poder servirte nuevamente.

Jesús, mi mejor Amigo, tú sabes lo asustado
que estoy ante esta cirugía. ¿Y qué si algo
sale mal? ¿Qué tal si hay complicaciones?
¿Me sentiré bien alguna vez? ¿Cuánto dolor
sentiré durante el proceso de recuperación?
En medio de todos estos temores,
Señor, me sostengo a ti. Sí, estoy
aterrado... pero aún así, confío en ti.

Señor, tú eres el Autor de la vida, el Gran Sanador. Tú sabes qué es lo que anda mal en mi cuerpo. Te ruego que me acompañes durante esta cirugía. Respira tu paz en mi corazón. Quédate con mi familia, mientras ellos esperan. Asegúrales que tú estás en control.

Jesús, permite que los médicos y las enfermeras que me cuidan hoy sientan tu presencia en mí. Te ruego que les bendigas a través de mí.

Amistades dañinas

Jonatán hizo un pacto solemne con David,
porque lo amaba tanto como a sí mismo.

1 Samuel 18.3 NTV

La amistad entre Jonatán y David era saludable. Cumplía con la Regla de oro: cada uno se trataba como le hubiera gustado que le trataran a él mismo. David amaba a Jonatán tanto como a sí mismo.

Sin embargo, las amistades se vuelven dañinas cuando dejan de tener esta cualidad de amor saludable. En cambio, la relación se vuelve destructiva. Una parte usa y manipula a la otra.

Con frecuencia, esta situación entra sigilosamente en nuestras vidas. Es posible que no nos percatemos cuán enfermiza y dañina es una relación hasta que el problema es tan grande que no sabemos cómo lidiar con él. O una vez reconocemos el problema, no sabemos qué hacer con él. Como cristianos, tal vez nos sentimos culpables al establecer límites. Quizás pensamos que Dios quiere que nos sacrifiquemos en esta situación dañina.

No obstante, Dios jamás desea que nos involucremos en algo que no sea saludable para nosotros. Cuando nos encontramos en una amistad dañina, tenemos que pedirle al Señor que nos muestre la manera de salir de ella... por nuestro bienestar, la de nuestro amigo y por amor a él, también. ¡Dios no es glorificado por una relación que daña y destruye!

Señor, dame la sabiduría para reconocer cuando una amistad deja de ser saludable. Sé que los verdaderos amigos se apoyan mutuamente. Se ayudan entre sí a superar la adversidad. Se ayudan entre sí a sentirse bien. Se aceptan incondicionalmente. Reflejan tu amor entre ellos. Cuando me encuentre en una relación que no tiene estas cualidades, dame el valor para hacer un cambio.

Jesús, después de pasar tiempo con este amigo, con frecuencia me siento más inseguro de mí mismo. Me siento avergonzado, molesto, menos confiado. ¡Eso no puede ser lo que tú deseas! Recuérdame a depender de tu amor para mi valía personal. No permitas que le entregue mi identidad a esta relación tóxica.

Señor, ¡lo hizo otra vez! No cumplió la promesa que me hizo. Me defraudó. Me siento como un idiota. Muéstrame qué debo hacer ahora. ¿Debo confrontarlo? ¿Debería dejarle saber que ya no puedo confiar más en él? ¿Qué harías tú si estuvieras en mi lugar? Te ruego que me des de tu sabiduría.

Dios, acabo de descubrir que mi amiga ha estado chismeando sobre mí. Ha estado hablando de mí a mis espaldas. Ha estado contándoles mis intimidades a otras personas, sin mi permiso. ¿Cómo puede traicionar así mi confianza? Señor Jesús, sé que te he defraudado muchas veces. Ayúdame a no ser petulante. Ayúdame a perdonar, pero al mismo tiempo, ayúdame a no confiar los secretos de mi corazón a alguien que ha probado no merecer mi confianza.

Dios, me siento muy solo. He pasado todo
el día con mi amiga, pero todo lo que he
hecho es escucharla hablar sobre su vida.
Señor, no quiero ser egoísta, pero tenía un
problema y quería compartirlo con alguien y
ella se negó a escucharme. Sentí que todo lo
que ella quería de mí era que fuera una caja
de resonancia para su voz, que no paraba de
hablar y hablar sobre cosas triviales. Tengo
coraje, y me siento culpable por sentirme así.

Señor, gracias porque tú siempre me
escuchas. Dirígeme a una amistad en la
que pueda compartir en partes iguales.

Falta de perdón

Jesús dijo: «Padre, perdónalos,
porque no saben lo que hacen».
LUCAS 23.34 NTV

No siempre es fácil perdonar. Sin embargo, si somos discípulos de Cristo, tenemos que seguir su ejemplo. Si él pudo perdonar a la gente que lo estaba matando, ¡ciertamente nosotros podemos encontrar la manera de perdonar a quienes nos lastiman!

A la larga, cuando no podemos perdonar, nos lastimamos más a nosotros mismos que a cualquier otra persona. El guardar resentimientos daña nuestros corazones. Puede hasta enfermarnos físicamente.

Dios nos quiere liberar de los viejos rencores y el resentimiento acumulado. Él sanará nuestros corazones heridos y nos dará las fuerzas para perdonar. Después de todo, él nos perdonó, ¿no es cierto?

Señor Jesús, si pudiste perdonar a quienes
te desnudaron, martillaron clavos en tus
manos y pies, y te colgaron en una cruz
hasta que moriste, entonces estoy seguro
que puedes ayudarme a perdonar a los
que me han ofendido y lastimado.

Dios, líbrame del resentimiento y la
arrogancia moral. ¡Saca la viga de mi propio
ojo antes de que me preocupe demasiado
por la astilla en el de otra persona! Hazme
lo suficientemente humilde para perdonar.

Jesús, en los Evangelios, siempre mostraste misericordia hacia los pecadores. Sin embargo, no tuviste paciencia para los fariseos inclementes y orgullosos.

Señor, permite que pueda llevar tu perdón a todo el que me ha lastimado. Permite que ellos puedan verte en mí. Obra tu reconciliación a través de mí.

Dios, sé que deseas que viva en paz con los demás, pero no seré capaz de hacerlo hasta que pueda perdonar. Ayúdame a perdonar lo que parece imperdonable. Libera mi corazón para que pueda estar en paz con todo el mundo.

Violencia

Pero Jesús le dijo: —Guarda tu espada, porque al que mata con espada, con espada lo matarán.
MATEO 26.52 TLA

Según nuestros principios, Pedro hubiera tenido una justificación perfecta para usar su espada para defender a Jesús. Pero Cristo nos llama a tener un estándar distinto. Uno de los retos más grandes como sus seguidores es caminar por su senda de paz en medio de un mundo violento.

La violencia nos bombardea desde todas direcciones. Nos llega en las noticias, las películas y en la televisión. La violencia alcanza nuestras escuelas y nuestros lugares de trabajo. La vemos en las autopistas, nos tropezamos con ella en las tiendas. Es evidente a nivel nacional y global, y hasta toca las puertas de nuestros hogares.

Tal vez pensamos que no formamos parte de esta violencia, pero Jesús nos llama a examinar nuestros corazones. Él nos recuerda que si nuestros pensamientos están llenos de ira y odio, entonces nosotros también guardamos las raíces de la violencia en nuestro interior. Él nos llama a ser sus manos y pies en esta tierra, esparciendo su paz.

Señor, hazme un instrumento de tu paz.
Donde hay odio, que lleve yo el amor. Donde
haya ofensa, que lleve yo el perdón. Donde
haya duda, que lleve yo la fe. Donde haya
desesperación, que lleve yo la esperanza. Donde
haya tinieblas, que lleve yo la luz. Donde haya
tristeza, que lleve yo la alegría. Oh, divino
Maestro, haz que yo no busque tanto ser
consolado, sino consolar;
ser comprendido, sino comprender; ser
amado, como amar. Porque es: dando, que
se recibe; perdonando, que se es perdonado;
muriendo, que se resucita a la vida eterna.
(Oración de San Francisco de Asis)

Jesús, tú nos dejaste tu paz. La paz que tú das
no es como la del mundo. No tenemos que
estar preocupados ni sentir miedo. Ni tenemos
que recurrir a la violencia (Juan 14.27).

Señor, creo que si estoy en Cristo, soy una
nueva criatura. Las cosas viejas han pasado
y todas han sido hechas nuevas (2 Corintios
5.17). Llévate todos mis pensamientos
violentos. Haz de mí una nueva criatura.

Si tengo envidia amarga y rivalidades en mi
corazón, tú me dices que estoy faltando a tu
verdad. Esta no es tu manera de hacer las cosas,
sino la del mundo. Porque cuando la envidia
amarga y la rivalidad llenan mi corazón, le he
abierto la puerta a la confusión y la violencia.
¡Tu forma de hacer las cosas es muy distinta!
Se basa en la paz y la bondad. Cuando hago las
cosas a tu manera, estoy dispuesto a ceder mi
forma a la de otro; estoy lleno de compasión
por todo el mundo; no muestro favoritismo
y estoy libre de hipocresía. El fruto de la
justicia se siembra en paz cuando me convierto
en tu pacificador. (Santiago 3.14–18)

Padre, cuando me doy cuenta de que las palabras *violencia* y *violación* tienen la misma raíz, entiendo mucho mejor lo cuidadoso que tengo que ser para caminar por tu senda de paz. Siempre que violo la confianza de alguien, siempre que violento los derechos de otros, estoy cometiendo un tipo de violencia. Permite que siempre tenga el cuidado de tratar a otros con tu respeto.

Jesús, cuando miro al mundo, me siento impotente para contrarrestar la violencia que veo por todos lados. Sin embargo, te ruego que me permitas dar el primer paso: te entrego mi corazón para que lo cambies. Quita de mí la avaricia, la amargura, la falta de perdón. Lléname con paz, misericordia y bondad hacia todo el mundo. Al igual que tu primo Juan, permíteme preparar el camino para el Señor.

Debilidad

En cambio, los que confían en el Señor encontrarán
nuevas fuerzas; volarán alto, como con alas de águila.
Correrán y no se cansarán; caminarán y no desmayarán.

ISAÍAS 40.31 NTV

¡Hay tantas cosas que demandan de nuestras fuerzas! Tantas crisis por afrontar, tantos problemas por resolver, tantas personas que necesitan nuestra ayuda. Nos sentimos agotados. No estamos seguros si podemos seguir adelante. Hay días en los que simplemente deseamos rendirnos. Hemos llegado al final de nuestra fuerza.

Sin embargo, cuando reconocemos nuestra debilidad, ese es el momento cuando el Espíritu Santo puede comenzar a obrar en nuestra vida de una forma distinta. Cuando levantamos nuestras manos, las manos de Dios tienen espacio para comenzar a obrar.

Señor, tú sabes que soy débil. Pero
todo lo puedo en ti, quien me das
las fuerzas. (Filipenses 4.13)

Padre celestial, fortaléceme en ti. ¡Que mi
fuerza venga de tu poder! (Efesios 6.10)

Señor Jesucristo, Rey de reyes, tú tienes el
poder sobre la vida y la muerte. Tú conoces
aun las cosas que son inciertas y ocultas;
nuestros pensamientos y sentimientos no
están escondidos de ti. Limpia mis errores
secretos... Tú conoces lo débil que soy, tanto
en alma como en cuerpo. Dame fuerzas, oh
Señor, en mi fragilidad y sostenme en mis
sufrimientos. Concédeme un juicio prudente,
querido Señor, y permíteme siempre tener
presente tus bendiciones. (Efrén de Siria)

Me levanto hoy
Por medio de la fuerza de Dios...
Poder de Dios que me sostiene,
Sabiduría de Dios que me guía,
Mirada de Dios que me vigila,
Oído de Dios que me escucha,
Palabra de Dios que habla por mí,
Mano de Dios que me guarda,
Sendero de Dios tendido frente a mí,
Escudo de Dios que me protege,
Legiones de Dios para salvarme
De cualquiera que me desee mal,
Lejanos y cercanos,
Solos o en multitud.

Cristo escúdame hoy...
De tal forma que pueda recibir
recompensa en abundancia.
Cristo conmigo,
Cristo frente a mí,
Cristo tras de mí,
Cristo en mí, Cristo a mi diestra,
Cristo a mi siniestra,
Cristo al descansar,
Cristo al levantar,
Cristo en el corazón de cada
hombre que piense en mí,
Cristo en la boca de todos los que hablen de mí,
Cristo en cada ojo que me mira,
Cristo en cada oído que me escucha.
Me levanto hoy
Por medio de poderosa fuerza, ...
Del Creador de la Creación.
(Oración de San Patricio)

Preocupación

No se preocupen por nada; en cambio, oren
por todo. Díganle a Dios lo que necesitan y
denle gracias por todo lo que él ha hecho.
FILIPENSES 4.6 NTV

Todos nos preocupamos. Nos preocupamos por el futuro. Nos preocupamos por nuestro peso. Nos preocupamos por nuestra familia. Nos preocupamos por el dinero. Nos preocupamos por nuestras responsabilidades profesionales. ¡Preocupación, preocupación, preocupación! La lista de preocupaciones no tiene fin.

¿Adivina cuál es la raíz alemana de la palabra *preocuparse*? ¡Estrangular! Las preocupaciones nos estrangulan. Y lo hacen, para que no podamos respirar en el Espíritu de Dios. Tuercen nuestras mentes y ya no pueden tener la forma saludable que Dios desea. Las preocupaciones interfieren con el fluir de la vida de Cristo en la nuestra.

Sin embargo, nuestras preocupaciones pueden convertirse en oraciones. Cada vez que nos aceche la preocupación, debemos crearnos el hábito de llevarlas ante Dios. Al presentarle a él nuestras preocupaciones, Dios afloja el lazo que tienen en nuestras vidas. Y entonces, podremos darle a Dios las gracias por todo lo que ha hecho.

Señor, como habito al abrigo del Altísimo, debo acogerme a la sombra del Todopoderoso. Tú eres mi refugio y mi fortaleza, mi Dios. En ti confiaré. Tú me has librado de todas las trampas y los peligros de la vida. Me has cubierto con tus plumas y bajo tus alas encuentro refugio. Tu verdad es mi escudo. No temeré en la noche ni tampoco tengo que preocuparme por los peligros durante el día. Ni la enfermedad ni la destrucción son mi preocupación. Aunque la gente a mi alrededor pueda estar en problemas, aún así no tengo que preocuparme porque tú eres mi refugio. Tú —el Altísimo— eres mi protección. Les diste a los ángeles la tarea de cuidarme. No importa los peligros que enfrente, estoy seguro. Gracias a tu amor, me librarás. Me llevarás a las alturas. Cuando llamo tu nombre, me respondes. Si llega el problema, aún sigues a mi lado. Me librarás y me llenarás de honores. Me mostrarás tu salvación a lo largo de toda mi vida. ¿Por qué debo preocuparme? (Salmos 91)

Señor, tú estás en absoluto control, y tú eres más grande que cualquiera de mis preocupaciones. No puedo cambiar el futuro, no puedo cambiar el corazón de los hombres, tal vez tampoco pueda cambiar las circunstancias de mi vida... ¡entonces preocuparme es simplemente una pérdida de tiempo y energía! Enséñame que mi energía puede ser mejor invertida en la oración.

Gracias, Padre, por darme la confianza de que tú estás conmigo y obras en mi favor. Sé que no hay nada en la vida que tú no puedas superar. No hay poder mayor que el tuyo. Hoy puedo descansar en tus brazos, sabiendo que tú tienes todo bajo control.

Señor, te imagino como la mamá gallina y
yo el polluelo (Salmos 91.4). Me escondo
bajo tus alas. Tus plumas me cubren. No
tengo que preocuparme por nada.

Amante Jesús, tú conoces todas las
preocupaciones que inundan mis pensamientos.
Me siento impotente para detener su corriente.
Todo lo que puedo hacer es pedir tu ayuda.

Señor, ahora entiendo que cuando me preocupo, estoy tratando de retener el control de mi vida. No quiero entender ni aceptar que tú tienes otras ideas. Quiero que las cosas marchen a mi manera. No confío en que eres capaz de lidiar con mis asuntos. Es como si estuvieras cargando una maleta que, desde tu perspectiva, no pesa casi nada y yo fuera una hormiga corriendo a tu lado, y gritando: «¡Déjame cargarla! ¡Yo puedo cargarla mejor! ¡Déjame hacerlo! ¡Déjame a mí!». Perdóname, Señor. Te ruego que se haga tu voluntad a tu manera y en tu tiempo. Confío en ti. Te entrego todas mis preocupaciones.